电商设计解析与案例教程

张修 编著

人民邮电出版社
北京

图书在版编目（CIP）数据

电商设计解析与案例教程 / 张修编著. -- 北京：人民邮电出版社, 2021.10
ISBN 978-7-115-57055-0

Ⅰ. ①电… Ⅱ. ①张… Ⅲ. ①电子商务—网页制作工具 Ⅳ. ①F713.361.2

中国版本图书馆CIP数据核字(2021)第185503号

内 容 提 要

这是一本电商设计的教程，全书共 5 章。首先，简单说明做电商设计需要了解的平面设计基础知识；其次，展开说明做电商设计需要了解的色彩知识、版式设计与构图法则，以及需要掌握的合成技巧等；最后，分别讲解店招、Banner、首页、主图、直通车图和详情页的设计方法。

本书适合想要成为电商设计师、版式设计师和海报设计师的初学者学习，也适合作为院校和培训机构相关专业师生的参考教材。

◆ 编　著　张　修
　　责任编辑　张丹丹
　　责任印制　马振武

◆ 人民邮电出版社出版发行　北京市丰台区成寿寺路11号
　　邮编　100164　电子邮件　315@ptpress.com.cn
　　网址　https://www.ptpress.com.cn
　　廊坊市印艺阁数字科技有限公司印刷

◆ 开本：690×970　1/16
　　印张：12.25　　　　　　　2021年10月第1版
　　字数：298千字　　　　　　2025年2月河北第6次印刷

定价：79.90元

读者服务热线：(010)81055410　印装质量热线：(010)81055316
反盗版热线：(010)81055315

前言

电商设计师是当今时代衍生出来的职业,也是当下经济社会不可或缺的个体。随着电商的发展,设计作品的表现手法发生了巨大的转变,传统美工的设计方式已无法满足现在的消费者。如今,电商设计师不仅需要会做设计,还需要拥有"数据+创意+营销"的能力。数据是指对图片点击率、页面或详情页转化率,以及市场的分析;创意是指做出有辨识度和新鲜感,同时可以迅速适应当下设计风格并展现多元化的创新作品;营销是在对用户心理、用户习惯、年龄群体、设计手法等信息进行综合考量后,通过视觉设计刺激用户的购物欲望。练就了这3种能力,才有可能在电商碎片化的浏览模式下设计出易懂、吸引眼球并最终促成销售的展示页面。

电商设计是一门综合性的设计职业。本书不仅针对电商的高点击率主图、爆款详情页转化、活动页面框架设计进行讲解,还结合了针对产品卖点的市场分析及对客户心理逻辑的把握。本书涵盖平面设计中的色彩搭配、版式设计、构图技巧、光影知识、合成技法等基础知识,以及近年来的流行风格设计要素,通过详细而深入的讲解让读者学习电商设计不再困难。

张修
2021年8月8日

资源与支持

本书由"数艺设"出品,"数艺设"社区平台(www.shuyishe.com)为您提供后续服务。

配套资源

本书综合案例源文件、功能练习参考素材、PPT 课件,以及额外附赠的电商设计源文件。

资源获取请扫码

"数艺设"社区平台,为艺术设计从业者提供专业的教育产品。

与我们联系

我们的联系邮箱是szys@ptpress.com.cn。如果您对本书有任何疑问或建议,请您发邮件给我们,并请在邮件标题中注明本书书名及 ISBN,以便我们更高效地做出反馈。

如果您有兴趣出版图书、录制教学课程,或者参与技术审校等工作,也可以发邮件给我们。

如果学校、培训机构或企业想批量购买本书或"数艺设"出版的其他图书,也可以发邮件联系我们。

如果您在网上发现任何针对"数艺设"出品图书的盗版行为,包括对图书全部或部分内容的非授权传播,请您将怀疑有侵权行为的链接通过邮件发给我们。您的这一举动是对作者权益的保护,也是我们持续为您提供有价值的内容的动力之源。

关于"数艺设"

人民邮电出版社有限公司旗下品牌"数艺设",专注于专业艺术设计类图书出版,为艺术设计从业者提供专业的图书、视频电子书、课程等教育产品。出版领域涉及平面、三维、影视、摄影与后期等数字艺术门类,字体设计、品牌设计、色彩设计等设计理论与应用门类,UI 设计、电商设计、新媒体设计、游戏设计、交互设计、原型设计等互联网设计门类,环艺设计手绘、插画设计手绘、工业设计手绘等设计手绘门类。更多服务请访问"数艺设"社区平台(www.shuyishe.com)。我们将提供及时、准确、专业的学习服务。

目录

第1章
电商设计基础理论 7

1.1 影响设计的要素 8
1.2 设计的构成 9
   1.2.1 平面构图 9
   1.2.2 色彩搭配 9
   1.2.3 版式设计 10
   1.2.4 风格手法 11

第2章
电商设计需要了解的色彩知识 15

2.1 色彩基础 16
   2.1.1 了解色彩 16
   2.1.2 色彩与情感的关系 18
   2.1.3 色彩平衡规律 21
2.2 色彩对心理的影响 23
   2.2.1 色彩与消费需求 24
   2.2.2 色彩的理性与感性 25
2.3 配色的方法 28
   2.3.1 配色比例 28
   2.3.2 色环对比 30
2.4 电商设计的配色 34

   2.4.1 首焦图 Banner 的配色 34
   2.4.2 主图配色 38
2.5 综合案例——直通车设计图配色 ... 41

第3章
版式设计与构图法则 45

3.1 版式如何决定价值 46
   3.1.1 如何判断版式的好与坏 46
   3.1.2 版式设计案例 47
3.2 点线面的构成 48
   3.2.1 点 48
   3.2.2 线 51
   3.2.3 面 56
   3.2.4 综合案例——行李箱专题活动海报 ... 59
   3.2.5 综合案例——运动鞋海报 62
3.3 平衡构图技法 64
   3.3.1 黄金比例之美 64
   3.3.2 构图方法 69
   3.3.3 综合案例——吸尘器海报 85
3.4 逻辑构图的心理学 88
   3.4.1 图片想象性 89
   3.4.2 阅读舒适性 91
   3.4.3 内容引导 93
3.5 文字与版式的关系 97

目录

3.5.1 文字组的距离 97
3.5.2 字距和行距 98
3.5.3 段落版式 99
3.5.4 文字对比 100
3.5.5 综合案例——天猫促销案例 103
3.5.6 综合案例——钻戒促销案例 105
3.6 留白 106
3.6.1 留白的目的 106
3.6.2 留白设计的误区 107
3.7 综合案例——榨汁机海报
　　 优化方案 110

第 4 章
电商设计需要掌握的
合成技巧 113

4.1 合成基础 114
4.1.1 抠图技巧 114
4.1.2 图层混合模式 124
4.1.3 图像调色知识 135
4.1.4 图像修补 140
4.2 光影知识 145
4.2.1 阴影表现 146
4.2.2 光照绘制 151
4.3 透视知识 152

第 5 章
电商设计实战演练 155

5.1 店招设计 156
5.1.1 店招的概念 156
5.1.2 店招的设计 156
5.1.3 综合案例——店招设计实操 157
5.2 Banner 设计 158
5.2.1 首屏海报 158
5.2.2 综合案例——首屏海报设计实操 ... 163
5.2.3 Banner 表现形式 166
5.2.4 综合案例——Banner 海报设计实操 ... 169
5.3 首页设计 171
5.3.1 页面设计框架 171
5.3.2 活动页面设计 176
5.4 主图与直通车图设计 178
5.4.1 主图设计 178
5.4.2 直通车图设计 183
5.5 详情页设计 187
5.5.1 框架结构 187
5.5.2 设计形式 188
5.5.3 详情页设计案例分析 192

第 1 章
电商设计基础理论

1.1 影响设计的要素

1.2 设计的构成

1.1 影响设计的要素

在设计时,有 4 个要素决定作品的好坏,分别是平面构成、色彩构成、形态构成和概念构成(构成是将不同形态、元素、色彩和内容重新赋予视觉化、画面感和影响力的表观方式)。这 4 个要素除了能够影响一幅作品的美观度外,还能起到改善阅读体验、优化画面布局、渲染人物情绪、匹配场景和引导购买的作用。设计师的工作不仅是做一张图,还要利用这张图塑造品牌形象,影响消费者的购买习惯,创造商业价值。

举一个卫龙食品的例子。国内有很多生产辣条的品牌,但在卫龙之前并没有被普通消费者记住。卫龙的成功不仅取决于产品的味道,还在于卫龙从产品质量和包装上改善了人们对辣条脏、乱、差的印象。这种品牌形象的塑造改变了消费者的认知,从而也促成了销售。

1.2 设计的构成

设计主要包括平面构图、色彩搭配、版式设计和风格手法 4 方面。

1.2.1 平面构图

图形、文字和色彩是平面设计作品的基本视觉元素。设计作品通过这些元素来表现视觉美感，传递设计意图和信息。在构图时，要有条理、有规律，整体设计稳定统一，给人一种舒适的视觉感受。平面构图在强调统一的同时，又不能趋于单调，应该达到既不单调又不混乱，既富有变化又协调的整体艺术效果。

1.2.2 色彩搭配

色彩是设计中非常重要的元素。能否合理地应用色彩提高作品的视觉冲击力是体现设计师水平高低的重要标志。色彩是吸引人们注意力的关键，因为大脑对色彩的感知力很强，所以色彩相对于形状和文字更容易影响人的主观感受。一般来说，色彩可以表达季节、流行趋势和情感等，可以利用颜色的对比来突出画面和周围环境的对比，增强视觉表现效果。

1.2.3 版式设计

　　版式设计用于融合画面中的图像、色彩和文字，能提升画面的主题思想和阅读体验，考验设计师的信息组织能力。同样的文案，通过不同的版式设计可以打造不同的视觉画面感，可以根据客户需求实现相应的设计风格。

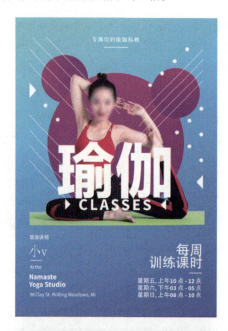
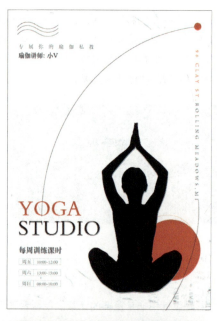
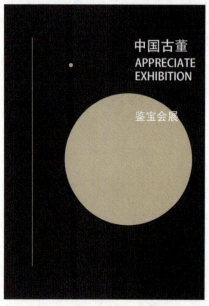
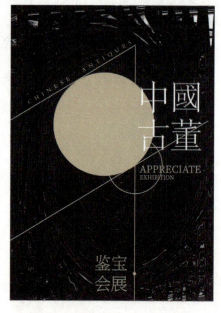

1.2.4 风格手法

用户的需求越来越多样化，设计师应该从更多领域和艺术行业中寻找灵感，并转化到设计中，以形成系统和独特的设计风格。在设计中，风格是表现设计独有性和新颖性的重要方式，不同的风格能表现出不同的设计特质和艺术美感。设计师掌握多种设计风格和手法可以使设计作品更多元化。

1 赛博朋克风格

赛博朋克风格以科幻、虚拟、扭曲和智能为主，设计特点多为蓝紫的暗冷色调，常搭配霓虹光感的对比色，用错位、拉伸和扭曲等故障感凸显未来电子科技感。天猫造物节、抖音和一些综艺节目都运用了赛博朋克风格来展现年轻人的个性。

 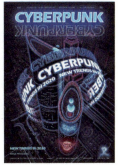

2 蒸汽波风格

蒸汽波风格常用于艺术作品、音乐海报和电影海报，以表现复古、怀旧和高科技的视觉感受。蒸汽波风格的画面像是一个梦幻、虚无和幻想的架空世界，其设计特点以复古元素为主，如1995年的Windows计算机界面和古老的雕像等，常与绿植、月亮和动物等元素结合使用。

3 双重曝光

双重曝光原指拍照时在同一张底片上进行多次曝光得到的重叠效果，这种效果现已被广泛应用于设计作品中。这种风格透露着神秘感和故事感，其设计特点是将主体形象与跟主体有关联的故事情节的图片进行融合，让画面重叠交错后产生另一种美感。这种表现手法有很强的画面代入感。

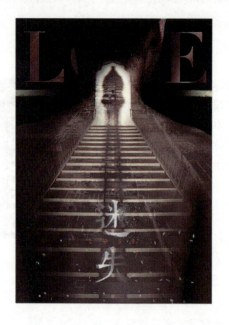

4 欧普风格

欧普风格也被称为视觉艺术，其设计特点是利用抽象几何图形的黑白对比或其他强烈色彩对比进行组合交错重叠，以形成视觉上的错觉和动感。

5 **重复组合**

　　重复组合是将同一元素不断重复排列的设计手法,其设计特点是将单个产品或多个产品按照不同大小和方向堆叠形成特定的形态。

6 **孟菲斯艺术**

　　孟菲斯艺术是一种打破常规的设计表现形式,具有改变潮流的设计理念,以及更强的年轻、自我和情感独立的特征,其设计特点是用较高饱和度的色彩配合不规则几何图形和波浪线,同时融入夸张或明艳的字体。

7 线性结构插画

线性结构插画是由线条或线圈等重复绘制构成的作品。这种表现方法能够凸显出画面的独特性和艺术气息。其设计方法是先画出某个形态或物体，再对物体的明暗和结构进行清晰的勾勒。用线条绘制时，可以巧妙利用明暗对比或深浅颜色对比，增强物体的结构和细节表现。

第 2 章
电商设计需要了解的色彩知识

2.1 色彩基础

2.2 色彩对心理的影响

2.3 配色的方法

2.4 电商设计的配色

2.5 综合案例——直通车设计图配色

2.1 色彩基础

情感是人们对客观事物产生的心理感受。在设计中合理运用色彩语言能更有效地激发人们的情感，促进设计的转化。

2.1.1 了解色彩

三原色（红色、绿色和蓝色）是色彩构成的基本要素，将三原色以适当比例混合，可以得到各种不同的色彩。色相、明度和纯度称为色彩三要素，色彩三要素是色彩的基本属性。

两个鲜艳的色块放在一起产生的强烈刺激感能够吸引眼球。

两个柔和的色块放在一起能产生协调的美感。

强烈的刺激感

协调的美感

不同的色块组合带来的视觉感受是不同的，理解色彩组合的概念，掌握色彩搭配的规律，可以轻松表达设计的主题。

1 色相的使用

色相、明度和纯度是色彩搭配设计中必须用到的元素。色相是指色彩的相貌，是区分色彩特征的依据，一般使用色环和软件中的"拾色器"来选择颜色。

打开 Photoshop 软件中的"拾色器"，红框区域就是色相区域，如右图所示，将其提取后的效果如右图蓝框中所示。

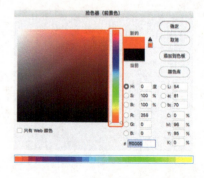

2 明度的使用

明度是指色彩的明亮程度。在设计时，只有选择明度协调的颜色进行搭配，整体的画面才会使人感到舒适。在 Photoshop 软件的"拾色器"中，从上到下是色彩的明度由高到低的过渡，如右图所示。

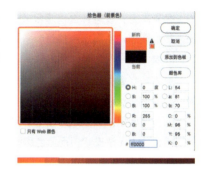

3 纯度的使用

纯度是指色彩的鲜艳程度。纯度在配色上起到强调主题和渲染效果的作用，高纯度色彩强烈而刺激，低纯度色彩细腻而含蓄。在 Photoshop 软件的"拾色器"中，红框区域中从右到左是色彩的纯度由高到低的过渡，如右图所示，将不同纯度的红色提取出来后的效果如右图蓝框中所示。

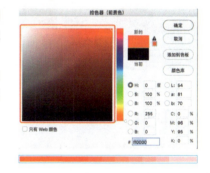

4 色环的使用

在色环上，成角越小的颜色，对比越弱，搭配越柔和；成角越大的颜色，对比越强，调和性越弱。

技巧与提示

在设计中合理运用色彩对比，可以对人们的视觉产生刺激，引起人的情感反应，进而能够更好地传达设计的意图。

2.1.2 色彩与情感的关系

色彩本身并没有什么情感含义，但色彩通过视觉神经传入人的大脑后，经过思维传导可以使人产生联想，从而使人具有一系列的色彩心理反应。不同的颜色可以使人产生不同的情感联想，在设计过程中，设计师会根据设计意图使用可以让人产生共鸣的色彩。

曾有科学家专门研究了色彩对人的心理产生的作用。让两个人分别进入红色房间和蓝色房间，观察两个人在不同颜色房间中的心理变化。30分钟后红色房间里的人先走了出来，50分钟后蓝色房间里的人也走了出来。经过心理调查发现，红色房间会使人产生兴奋、激动和烦躁的情绪，使人无法安定；而蓝色房间则会使人感到平静舒适，以为时间过得很慢。

1 红色

红色比较鲜艳，会给人热情、活泼和积极向上的感觉。人们喜欢把红色与吉祥、喜庆相联系，因此在活动促销广告中会经常使用红色。红色又容易让人联想到血液，因此红色还具有警示作用。

2 黄色

黄色的明度比红色高，是明度最高的颜色，会给人光明、轻快和活泼的感觉。黄色的可识别性强，容易引起人的注意。在我国古代，黄色是高贵与权威的象征。

3 蓝色

蓝色容易让人联想到蔚蓝的大海和晴朗的天空,是自由祥和的象征。蓝色的可识别性不是很强,但能给人一种高远、深邃和博大的感觉。蓝色是极端的冷色,具有沉静和理智的特征,因此经常被运用在高科技产品广告中。

4 绿色

绿色意味着生长,是青春、生命和希望的象征,给人以健康、宁静和安全的感觉。它的刺激性不强,是轻松舒爽、赏心悦目的色彩,经常用于与食品有关的广告设计中。

5 橙色

橙色的刺激性弱于红色,但其可识别性很强。它象征着光明,给人热情和温暖的感觉。

6 紫色

紫色是大自然中少有的色彩，但在设计中经常使用，它给人高贵、奢华和浪漫的感觉。女性大多偏爱紫色，所以紫色经常被运用在与女性相关的设计中。

7 褐色

褐色是含一定灰色的中低明度色彩，代表着稳定和质朴，能使人想起金秋收获的季节，有成熟、丰收和随和之感。

8 黑色、白色

黑色和白色属于调和色，黑色常用来表现庄严、肃穆与深沉的情感；白色可令人联想到白雪，给人以纯洁、和平和神圣的感觉。

色彩在设计中的存在价值是文字与图形不能比拟的，它可以在人的视觉神经中留下长久的印象，具有"先于形象，大于形象"的特性。每一种主题都必须运用符合该主题的色彩，独特的色彩运用会使画面效果出奇制胜。

2.1.3 色彩平衡规律

色彩是极其丰富的,商品的色彩、文字的色彩及其他元素的色彩会出现在同一画面里,如果不控制好画面的色彩平衡,就会让画面看起来非常混乱。只有色彩关系和谐、统一、有规律,色彩的美感才能被展现出来。

当注视红色物体或蓝色物体 5 秒后,人们就会产生平衡这种色彩刺激的渴望,需要通过看红色或蓝色的互补色来平衡。色彩平衡是相互的,也是一种心理需求。

红色、橙色和黄色等色彩给人以热烈和兴奋之感,这一系列的色彩被称为暖色。蓝色、绿色和青色等色彩给人以寒冷和沉静之感,这一系列的色彩被称为冷色。色彩的冷暖感觉又被称为色性。色彩的冷暖感觉是相对的,除红色和蓝色是色彩冷暖的两个极端外,其他色彩的冷暖感觉都是相对的。如紫色和绿色,紫色中的红紫色比较暖,而蓝紫色则比较冷;绿色中的草绿色带有暖意,而翠绿色则偏冷。

中性色主要分为 5 种:黑色、白色、灰色、金色和银色。中性色主要用于调和色彩搭配,突出其他颜色。

在设计画面时,可以使用冷暖色交替的方法,让画面更加丰富且具有美感。以下图为例,左边的画面没有采用冷暖色平衡,会使人产生视觉疲劳;右图则采用了冷暖色平衡,画面有了重心。

在同一画面中使用同一种色性的色彩会导致色彩失衡，显得画面单调，缺乏感情和气氛。加入高饱和度的色调后，画面的质感得到提升，并且有了焦点。

除了可以用平衡冷暖色调的方法来提升画面的视觉效果外，还可以运用同色系深浅平衡的规律来提升画面的层次感，并突出画面的焦点。

以下图为例，画面中的色彩都属于同一色系，无法体现出画面的空间感和焦点，调整同色系色彩的深浅平衡能突出主体，并能提高画面的通透性。

通过对色彩深浅平衡进行调和，画面的层次感和焦点可以更好地体现。

2.2 色彩对心理的影响

在讲解色彩对心理的影响前,先做一个颜色小测试,用 7 秒的时间观看下面 3 幅图片。

当我们用 7 秒观看 3 幅图片以后,闭上双眼,回想刚才看到的 3 幅图,我们可能不记得图片里的内容是什么,但是一定能记得是什么颜色,这就是"七秒钟色彩"理论。也就是说,当消费者在看产品或图时,产品或图片的颜色会在 7 秒内停留在消费者的记忆里。有研究表明:产品能瞬间进入消费者视野并留下印象的用时是 0.67 秒,第一印象占决定购买的 60%,而这 60% 主要由色彩决定。这种色彩印象非常适用于电商行业的浏览购买方式。电商行业的产品琳琅满目,设计师需要在产品设计中巧妙地利用色彩,从而引导消费者进行购买。

2.2.1 色彩与消费需求

不同的购物网站使用的色彩不同，先来分析一下淘宝网的色调。淘宝网的页面主要是橙黄色调，橙黄色调会给人一种时尚、青春、动感、活泼的感觉，而且黄色的可识别性强。淘宝网面向的群体以年轻人为主，采用橙黄色调，更符合年轻人的气质。

唯品会网站的色彩主要是玫红色。唯品会面向的群体以女性为主，而玫红色具有神秘、浪漫和奢华唯美的感觉，符合女性定位。

以上两个网站通过色彩进行区分，使品牌有更强的识别性。

在设计时，设计师需要针对消费群体及对应的年龄层，利用色彩引导消费。以男士皮鞋为例，其消费群体为35岁以上的男士，通过下图的对比，可以发现褐色更符合消费群体的定位。褐色给人成熟、谦让和厚重的感觉，而黄色和蓝色给人青春活力的感觉。这里针对年龄在35岁以上的男士，并且男士皮鞋大多偏商务，因此所选色调需要能体现男性化和成熟稳重的气质。如果将颜色调整成黄色或蓝色等亮色，会让35岁以上的男士认为这张图展示的产品是卖给年纪稍小的人的，而大多数年龄在35岁以下的男士又不愿买偏商务的鞋子，这样就会造成大量的消费人群流失。

设计师在选用色彩时会存在某些误区，如认为颜色对比越强，设计出来的图片视觉效果越好，点击转化率也越高；认为纯色或浅色背景的视觉效果差等。在色彩学里，其实没有视觉效果最好或视觉效果最差的评判，只有精准匹配客户需求和品牌定位的色彩才是最好的。

以沐浴露为例，将产品包装的色调运用到整个画面中，使整个场景画面融为一体，看起来十分舒服自然。同时，绿色代表健康，能够体现出产品的性质。

以不粘锅为例，为了向消费者展现出不粘锅的效果，使用黑色作为背景颜色，衬托出炒菜时火花四射的视觉效果；将菜设计成飞出去的形态，展现出不粘锅可随意翻炒的特点。画面整体的色调以黑色为主，表现出大气、稳定感；以橙黄色调为辅，给人以温暖、活力感，在视觉上形成对比。

2.2.2 色彩的理性与感性

理性和感性与设计和色彩没有直接关联，但是画面中的色彩能影响消费者进行理性或感性的思考，从而会影响到消费者的购买欲望。

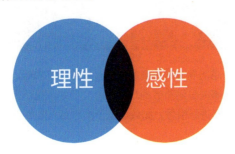

对比以下两幅图，会发现不同色彩给人带来的心里感受是截然不同的。

左下图中，浅灰的色调会让画面整体看起来简洁干净，但是会使消费者的视觉注意力分散，降低消费者的食欲和购买欲。

右下图中，深暗的色调和画面的亮部全部集中到了牛排上，消费者会立刻被牛排吸引，并且暖黄色的色调提升了食物的质感，增强了消费者感性的购买欲望。

以旅行箱广告为例，以蓝色为主色调，会使画面看起来安静平和，但让人难以产生对旅行的憧憬；大面积运用蓝色，会使整体画面显得压抑，不能引起人的共鸣。

而使用橙黄色调，画面整体多了活力和青春感，并且增强了活动的促销氛围。

 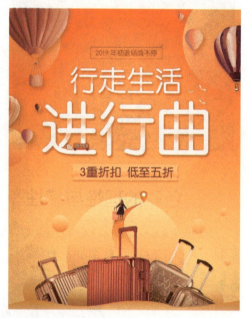

感性层面的欲望越强，越能刺激消费者的购买心理和购买本能。这就是销售产品时，商家会使用感情牌的原因，这能够减少消费者的理性思考。但并不是所有的设计都要追求感性，有些产品则需要运用理性的色彩进行引导，如数码电子类产品大多数会用理性的色彩进行设计。

接下来用一组案例进行分析和对比。

大量的红色渲染着整个画面,会让我们产生躁动、兴奋和恶心的情绪,并且会联想到血液和暴力血腥的场景。

冷绿色的色调和小巷里昏暗的灯光会让我们产生紧张和恐慌的情绪,并且会联想到惊悚电影里的场景。

通过上面的例子可以得出,色彩在感性层面会让人产生联想,从而增加人们的想象空间。这种联想是色彩的升华,也是人感性思维释放的体现。具体来说,色彩的联想会受到对象年龄、性别、性格、文化、教养、职业、民族、宗教、生活环境、时代背景和生活经历等各方面因素的影响。

以下图为例,该图的主题为元宵节,以红色为主色调来体现喜庆的气氛;然后针对产品或文案,在画面中增加感性元素,如烟花、舞狮、孩子嬉闹和猜灯谜等传统节日元素或场景,以引发消费者共鸣;加入暖黄色调,营造出热闹、活力、年轻和愉悦的氛围。

2.3 配色的方法

2.3.1 配色比例

日本的一位设计师提出过一个配色黄金比例:70:25:5。也就是说,在一幅作品中,理想效果是 70% 为大面积使用的主色,25% 为辅助色,5% 为点缀色。一般情况下,建议使用的色彩不超过 3 种,3 种是指 3 种色相,如深红色、暗红色可以视为一种色相。

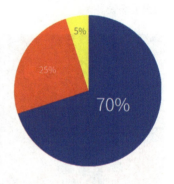

一般来说,颜色用得越少越好,除非有特殊情况,如节日类、促销类及与儿童有关的设计。颜色越少画面越干净简洁,越显得成熟大气,设计师也越容易控制画面。多种颜色可以提升画面活跃度,但是颜色越多,画面就越难控制,需要把控好配色比例,不然画面会显得非常混乱。以下图为例,左边的图使用了黄金配色比例进行色彩搭配,右边的图则使用了多种颜色。

通过两张图的对比就能看出配色比例对画面的影响,好的配色比例不仅能让画面看起来干净简洁,还能体现设计师的专业水平。

需要注意的是，配色黄金比例的数值并不固定，当版面内容过多时，可以进行适当调整。

接下来分析下图的配色关系。可以看到，左下图使用的色彩非常多，但是整体并没有显得非常乱，右下图将左下图所用的配色用不同颜色进行了标注，可以发现整个画面的色彩比例有一定的规律。

红色和绿色的配色比例非常难控制，一旦比例搭配得不好，画面就会非常难看。以下图为例，通过配色比例分析，不难发现整个画面的色彩比例接近黄金比例，使画面色彩达到平衡，画面显得美观而协调。

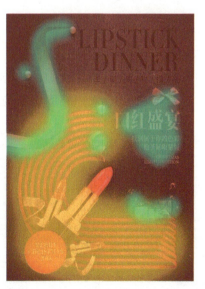

配色黄金比例 70：25：5 可以改成 80：15：5 等多种色彩搭配比例。很多时候画面都需要做出对比，形成反差和矛盾点，这样才能产生美感。大小对比、远近对比和色彩对比相互配合，才能展现出画面的空间感、聚焦性和整体性。

2.3.2 色环对比

色彩之间的关系取决于它们在色环上的位置。色环上色相和色相之间的角度越小,对比越弱;角度越大,对比越强烈。

1 相邻色搭配

相邻色是色环中离得最近的两个颜色。如红色与橙色、橙色与黄色、黄色与绿色、绿色与蓝色等。因为相邻色比较接近,所以用相邻色搭配的画面会有很强的关联性,能营造出非常协调统一的效果。

接下来用案例展示相邻色搭配效果。

左下图使用深蓝色与浅蓝色进行搭配,画面统一舒适,展现出了家具的温馨感。

右下图采用红色和土黄色的搭配方式,画面既稳重大气又不单调。

以上两张图都是以相邻色为主色调，整体画面非常协调，这类配色常用于家居产品和中国风产品设计上，给人一种宁静柔和的感觉。

2 间隔色搭配

间隔色是指在色环上相隔了一个或两个色系的颜色，在视觉冲击力上会强于相邻色，在色彩表现上会更加跳跃鲜明。

左下图采用红色与黄色的间隔色搭配，画面色彩非常抢眼，这种搭配方式经常用于促销活动中。

右下图中蓝色和玫红色的冷暖撞色增强了画面色彩的对抗性和丰富感；图中利用产品的白色作为中间色调和，整体画面具有非常强的可记忆性。这种配色经常被用在年轻或表达个性的设计中。

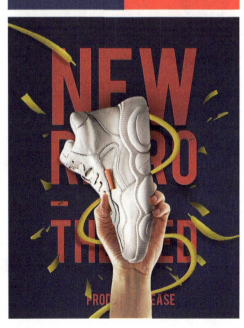

接下来用间隔色的不同深浅度来进行配色展示。

蓝色与黄色的搭配会使画面显得明快时尚，具有空间感。对比以下案例中的两张图片，可以发现在间隔色搭配中，当色彩的纯度或明度不一样时，画面呈现出来的感觉也会不同。左边的海报更醒目，更有动感，这是由于其色彩的饱和度高；而右边的海报看起来更舒服温暖，这是由于其色彩的饱和度低。

3 互补色搭配

互补色是指色环中间隔角度为 180° 的两个颜色。在色彩搭配中，互补色的对比最为强烈，互补色会让画面有更强的冲击力。

很多季节性或促销海报中都会使用紫色和黄色的搭配方式来吸引消费者，常用在女性服饰和化妆品类产品中。

在互补色里较难搭配出好的效果的是红色和绿色，但只要掌握好颜色和画面的比例，就能让红绿搭配变得具有美感，如圣诞节的标准配色方案。

为了让读者能在实际应用中快速了解色环的使用方法，这里对同样的文案分别应用相邻色、间隔色和互补色搭配来进行对比展示。

在色环配色原理中，相隔越远对比越强烈，相隔越近搭配起来呈现的效果越柔和，最后需要注意控制画面的色彩比例。

2.4 电商设计的配色

本节主要讲解首焦图 Banner 和主图的配色方法。

2.4.1 首焦图 Banner 的配色

首焦图 Banner 在淘宝产品展示中占据着非常重要的位置，其配色好坏将直接影响消费者是否有兴趣点击。接下来将通过案例讲解电商设计中首焦图 Banner 的配色方法和技巧。

1 单色 / 同色系

单色 / 同色系搭配比较适合产品本身颜色比较统一的情况。背景可以通过吸取产品或产品周边的颜色进行填充，然后添加一些辅助元素点缀画面。以核桃食品为例，可以根据以下方法进行颜色搭配。

01 使用"吸管工具" 吸取核桃产品及其周边的颜色,得到色值。
02 选择合适的色值并将其对应的颜色填充到背景中。

03 加入文案,将画面排成左文右图的形式,添加辅助元素丰富画面,并用之前吸取的颜色对文字进行填充。

2 间隔色系

间隔色相比单色,其色彩使用范围更广,但通常在主产品或主色调明确的情况下才选择添加间隔色。以香水为例,可以根据以下方法来进行颜色搭配。

01 使用"吸管工具"吸取香水瓶的颜色,得到主产品颜色。

02 使用色环找到主产品颜色的间隔色。

03 选择合适的色值并将其对应的颜色填充到背景中。加入文案,将画面排成左文右图的形式,添加辅助元素丰富画面。

技巧与提示

通过产品的主色调找配色时,需要保证颜色的纯度和明度在同等范围里,避免出现产品颜色重、背景颜色轻的问题。

3 补色系

补色系是色环里的互补色。互补色对比强烈，会使画面的颜色变得更加鲜艳或具有视觉冲击力，更容易激起消费者的购买欲望。

01 使用"吸管工具"吸取服装的颜色，然后通过色环找到其互补色。

02 选择对应的互补色填充到背景中，然后使用同色系颜色填充文字，并采用居中、左右对齐的方式排列文案，最后添加辅助元素丰富画面。

技巧与提示

在选择互补色的时候，选择范围比较小，不容易掌控。在没有找到合适颜色的情况下，可以在互补色周围的色相中寻找。

2.4.2 主图配色

从搜索关键词到打开产品页面的过程中，商品主图的配色会在一定程度上影响消费者的购买决定。这就需要设计师强化色彩之间的关系和配比，让设计的图片发挥出更大的价值。

接下来分析主图配色的规律，前面讲解过第一印象占决定购买的60%，而这60%主要由色彩决定，色彩会影响消费者的点击行为。搜索"洗面奶"关键词，会得到如下所示的页面。

在这几张图里，消费者可能更会被蓝底的主图吸引，其主要原因在于蓝色的冷色调在整个页面中独树一帜，具有色彩差异化，更能吸引消费者的注意力。

接下来分析其他的商品主图，可以发现它们整体没有上面的蓝底主图具有吸引力，但是具有红色边框和紫色边框的主图在这些图片中更加醒目。

对搜索出的商品主图色彩对比分析后，会发现主图中使用的一般是饱和度高且颜色鲜亮的色彩，色彩占画面的比例越大越能吸引眼球。使用间隔色和互补色搭配会增强主图的对比差异，在一定程度上会提高点击率。下面案例中的色彩搭配就很容易让主图脱颖而出。

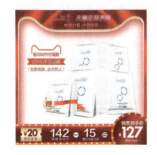 

> **技巧与提示**
>
> 如果所有商品主图都是鲜亮的,那就需要重新判断,这时将主图做成深色反而容易形成对比效果。

接下来举一个错误案例,左下图采用间隔色(蓝色和红色)做出了色彩差异效果,并且蓝色占据了整个画面,但并没有右下图看起来醒目。这是因为蓝色和红色过暗,对比性不强烈;而右下图的背景虽然是黑色的,但是其外框和文字颜色采用了高饱和的间隔色,形成了强烈的对比,更容易吸引消费者眼球。

下面对错误案例进行重新设计和配色。

在设计时背景采用了对比非常强烈的黄色为主导色,与蓝色形成对比,将两种颜色按8:2的比例进行分配;通过与黄色底色的对比突出产品,并且在文案上将产品优点也采用色彩对比的方式进行突出,明确了画面的焦点,增强了文案内容的表现力。

对比原图与优化后的图片会发现，无论怎么看，我们的注意力都会不由自主地集中到有黄色和蓝色对比的图上。色彩能够引导消费者，影响消费者的购买行为。

2.5 综合案例——直通车设计图配色

本节通过综合案例来快速讲解配色的思路和设计过程。

要做一张精油产品的直通车图，在设计之前需要先分析在搜索商品页面中出现的同类产品的图片，如下图所示，然后找到差异化表现的点。

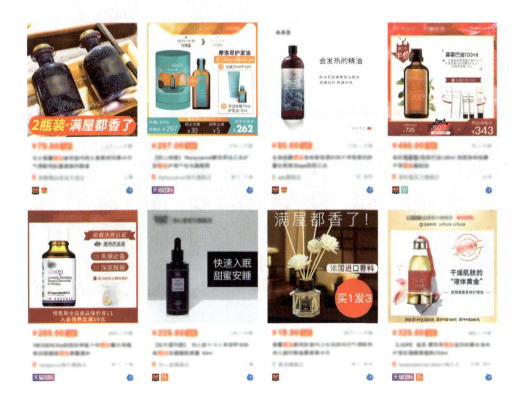

01 打开 Photoshop 软件，新建一个 800 像素 ×800 像素的画布。

02 新建一个图层并使用黑色填充该图层，对画面做出左文右图的设计。

03 将背景树叶素材放置到画面中并调整好位置。

04 将精油产品图放到画布的右侧，放置在树叶背景图层的上方。

05 将叶片素材放置到画布内，并且用它包裹住精油产品。叶片整体与背景树叶的风格一致。

06 将文案放到画布左侧，并且使用"吸管工具"吸取产品的颜色。

07 双击文字图层,打开"图层样式"对话框,用吸取的颜色做"渐变叠加"样式,调整"不透明度"和"角度"等选项来调整颜色。

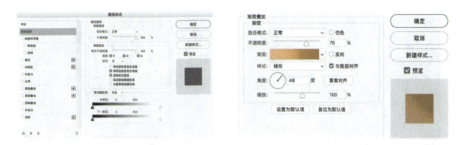

08 为了体现精油的浓度,结合圆形线框将水滴的元素放入画面中。打开"图层样式"对话框后,勾选"渐变叠加"复选框,填充与文字颜色相同的色彩,并且勾选"外发光"复选框,调节相关参数。

09 添加圆形线框和水滴元素并调整图层样式的效果如下图所示。

10 将其余文案分别放置于水滴外框的上方和下方并居中对齐，为部分文字和物体加入光效素材，提升质感。

11 将设计好的图放入最初的搜索结果图中进行对比，会发现暗色的背景加上偏金黄色的产品和渐变金色的文案，可使整个图片变得非常有质感，也更加醒目且吸引眼球。

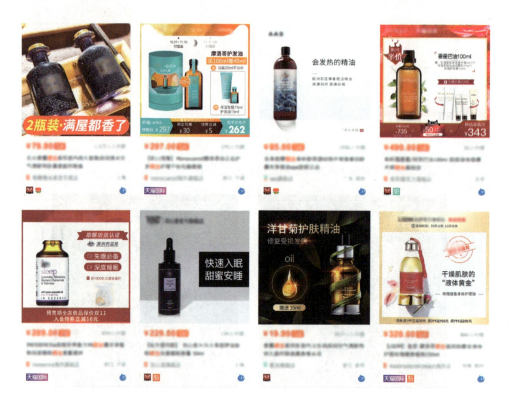

第 3 章
版式设计与构图法则

3.1 版式如何决定价值

3.2 点线面的构成

3.3 平衡构图技法

3.4 逻辑构图的心理学

3.5 文字与版式的关系

3.6 留白

3.7 综合案例——榨汁机海报优化方案

3.1 版式如何决定价值

3.1.1 如何判断版式的好与坏

版式设计是设计中不可或缺的部分，版式是艺术，也是考验设计师将信息转化为设计的一道门槛。如何判断版式的好与坏呢？下面做简单介绍。

一个好的版式一定具有思想性、艺术性、创造性和协调性。思想性是指文字信息表达清晰，能体现出内容的主题思想，能增强画面本身的表达力，做到了层次分明；艺术性是指利用元素展示时，在增强版面变化感的同时不会影响主体表现；创造性是指通过色彩搭配让版面设计在做到适合产品调性和主题的同时，又能表现出独特性；协调性是指能够将各类内容、信息和素材进行很好的布局和比例控制，使版式更有美感和欣赏价值。接下来结合两组案例图来阐述版式好与坏的区别和标准定义。

左下图的基本布局为左图右文，但是其整体画面过于简单，缺乏吸引力，没有体现出活动的气氛和愚人节主题的滑稽、有趣。

调整后的案例图展现出了版式设计构图的魅力，虽然也采用了左图右文的排版方式，但与原图相比，画面中增加了元素，并且在巧妙地进行排版后，体现出了愚人节的有趣，使画面具有吸引力。

下面核桃的案例图中，左图在画面构图和元素使用上都没有太大的问题，但是其文案过于拥挤，整体的文字与产品结合后没有体现出核桃的美感和促销的力度。版式设计不仅要展示内容，还需要体现画面的创造性与美观度。

经过调整后，右图在布局上做出了很大改变，将核桃产品置于画面中心，体现出了产品的吸引力。将促销信息文字放大，以便吸引消费者的眼球；将其他文案分别放置于左右两侧，增强了整体画面的美观度，提升了排版设计的艺术感。

3.1.2 版式设计案例

版式设计是一种"万能"黏合剂,能将画面中的色彩、文字、元素和图片组合成画面感强、辨识度高的设计作品。版式设计是体积设计师把控画面能力的主要方式之一,灵活使用版式构图,可以提升画面的美感。

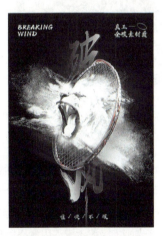

3.2 点线面的构成

平面设计有三大基础构成：平面构成、立体构成和色彩构成。这也是学习现代艺术设计必须掌握的基础。平面构成是指将点、线、面等视觉元素，在二维平面上按照一定的美学原理进行合理的分解、组合、重构、变化和编排，从而创造出理想的形态。点线面的构成形式主要包括重复、近似、渐变、变异、对比、集结、发射、特异、空间、矛盾空间、分割、肌理和错视等，如下图所示。无论设计的版面最终多么复杂，都可以简化到点线面上，下面对点线面的特点和应用逐一进行讲解。

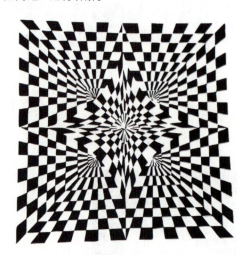 

3.2.1 点

这里讲的点并不是狭义上的点，而是指画面里面积最小的面积。点可以为一个圆、一个矩形、一个三角形或其他任意形态的元素，但它一定是整个画面中最小的元素。

因为画面中点的大小、形态和位置不同，所以不同点产生的视觉和心理效果是不同的。点的概念是相对的，在对比时，要考虑的因素不但有大小还有形状。就大小而言，面积越小的形状，越容易给人点的感觉；反之，面积越大的形状，就越容易给人面的感觉。

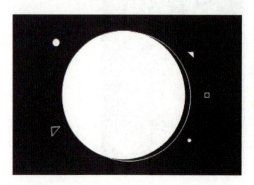 

点在构图中具有集中、吸引视线的功能。点可以丰富画面，烘托气氛和填补空缺。如果把点只看作"点"，那思维会被限制，做不出好的作品。

点虽然是画面中面积最小的元素，却可以在视觉上起到作为中心的作用。例如，右下图中的船就以点的形式出现在画面的中心，画面的大量留白与点形成对比，赋予了画面安静感和焦点性。

 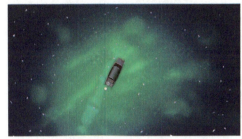

点不仅是单一的存在，还可以进行点与点的组合分布和延伸等。将点构建成线或其他多种形态分布在画面中，可以改变画面的风格和调性。

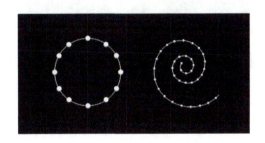

1 点的分布和特征

分散布局

分散布局是指运用分解物体、改变大小形态的基本手法，打破整体图像的对称结构，形成零散的点。灵活的布局会使版面更加活泼生动，点的分散布局又不失整体感，分散时需要注意整体的空间性和统一性。

密集点

通过下面的案例和放大后的部分细节，可以看到密集点的运用能使视线更加集中，达到吸引眼球的目的。有节奏地排列密集点，能给人一种视觉聚焦性，这一技法特别适合用于创意类的设计中。

2 点的衍生

多个点的组合和形态延伸可以起到塑造画面空间感，做出动感效果，填补画面空缺和烘托气氛等作用。下面通过案例详细讲解点的实用衍生。

在右图所示的案例中，为了塑造画面空间感，将鞋子按照设计的路径不断地缩小，做出近大远小的空间效果。越小的鞋子越模糊，使得画面中的主体更加清晰，并增强了动感，这张海报就是以鞋子作为点进行设计的。

在下面的案例中，点不仅作为了背景肌理，还以立方体的形式分布在画面中。而点在此案例中起到的作用就尤为重要，对比左右两张图，可以看出点具有填补画面空缺和烘托气氛的重要作用。

点不仅可以组合成线条，还可以起到引导视线、辅助页面布局的作用。从下图所示的案例中可以看出，点与点之间可以连接成线，让人在心理上产生连接感，使消费者在浏览页面时更加流畅。

3.2.2 线

线主要有长短、粗细、方向、位置和疏密等属性，不具有面积属性。从构成的角度来看，随着线的宽度的增加，会有由线到面的转变。不同线条形态能够表现不同的风格设计。如果说点是静止的、单一的，那么线就是点的移动轨迹。利用线条可以处理文字排版分段，也可以引导阅读。

线的长短、粗细和形态具有分割性和方向性。线共有 4 种形态，如右图所示。

资源获取验证码：02128

1 横线

横线具有引导作用，能使版面达到视觉统一和延伸的效果，让画面具有稳定性，并且能使版式更加优雅、柔和。

使用短横线将两段文字内容进行分割，可以营造出画面空白感，让版面更具视觉吸引力。

右图在背景上使用了横线，并且调整了线条颜色的明暗，使人物视线的方向正好与横线呼应，起到了引导和链接的作用；使用短横线将文字分成了两组，赋予文字力量感。在画面中合理使用线条能起到美化版面的作用。

2 竖线

竖线就是垂直线，具有速度感。在版式中使用竖线，能让画面具有端庄感，让人在视觉上予以肯定，能够避免阅读障碍。

通过以下两张案例图的对比，会发现右图中竖线除了能够让画面有更强的可读性外，还能增强画面的庄重感和协调感，使版面看起来更舒适。

3 斜线

斜线在方向上会产生一种失衡感，不仅能给人饱满的视觉活力感，提升版面的平衡性和艺术性，还可以填补画面的空白处。

粗线能呈现厚重、醒目和有力的效果。通过下面两图的对比，可以发现运用粗斜线能丰富画面并增强视觉活力。

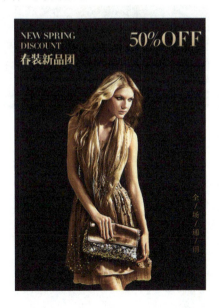

4 曲线

曲线会使画面变得更有灵活性和观赏价值，能分割画面布局，丰富画面，做出留白效果。多条圆弧曲线可以使画面和内容更具艺术效果。

曲线能让版式更加灵动，曲线绵延的流畅感使画面具有向外扩张的延伸效果。曲线更适用于女性化和艺术性的设计风格中。

右图所示的案例中，背景使用灵动的曲线打造出视觉动感，通过黄色和蓝色的撞色线条，在丰富画面的同时也增强了立体感和空间感。

5 线的组合变化

在使用线条进行版式构图时,可以把连贯的字理解为由点连接成的线。如果一个字是一个点,一行字就是一条线,多行字就是多条线。

接下来通过案例图来展现线的多种变化组合和应用方法。

通过线的案例可以看出,线不仅可以作为单一性的元素辅助画面,还可以被应用在文字的连接上,以便对画面内容进行排列。

3.2.3 面

面是线移动的轨迹。点的集中和扩大、线的聚集和闭合，都会生出面。面是构成各种可视形态的基本元素，也是整个版面中重要的组成部分，面的位置和形态将直接决定整体版面的构图和设计风格。

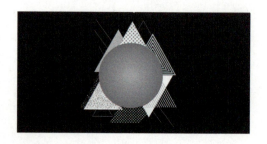

在平面构成中，面是具有长度、宽度和形状的实体，它由闭合的轮廓线构成，给人以明确、突出的感觉。不同的线的闭合，构成了不同形状的面。

面与点、线相比，其基本特征就是占据的空间面积比较大，通常来说，确定点、线、面的主要依据是具体形态在整体版式中发挥的作用。

1 几何形

几何形的面规则、平稳，呈现出较为理性的视觉效果。运用几何形的面的设计作品如下图所示。

2 矩形

矩形的面具有稳定统一的特征,能给人安定和秩序感,运用矩形的面的设计作品如下图所示。

3 圆形

圆形是经典的中心对称图形,也是非常具有平衡性的曲线形。圆形具有向心集中和流动等视觉特征,象征着完整、圆满,运用圆形的面的设计作品如下图所示。

4 三角形

三角形正置的时候给人以稳定感,倒置的时候会让人产生极不安定的紧张感,三角形还具有强烈的方向感,运用三角形的面的设计作品如下图所示。

在实际应用中,面可以是物体、元素形状、文字和人物等。接下来通过案例来展示面对整个版面的重要性和面在画面中的应用。

无论设计的版面多么复杂,都可以将其简化到点、线、面上来,从而创造出理想的组合形式。

通过以上对点、线、面的构成分析，可以得知点、线、面能够互相组合，从而提升画面的美观度。接下来通过实操案例来分析点、线、面的具体应用方法。

3.2.4 综合案例——行李箱专题活动海报

这个案例巧妙运用了点、线、面的构成知识。具有动感的点和线让海报看起来更加青春、活跃，适合烘托活动气氛。为了更好地理解点、线、面的构成，在设计时用青色标记面，用红色标记线，用黄色标记点。可以先利用面来确定画面布局和结构，再利用点和线填补画面空白，丰富画面。

01 新建一个空白图层，打开"图层样式"对话框，对图层应用"渐变叠加"样式，填充黄色到橙色的渐变，橙黄的色调能烘托出欢快、活跃的气氛。

02 使用"椭圆工具" 在画布中绘制一个圆形，并使用之前在"图层样式"对话框中应用"渐变叠加"样式的方法对绘制的圆形进行填充。这个圆形就是确定画面结构布局的面之一，之后用"钢笔工具" 在圆形上绘制出曲线路径，并放置一些素材进行合理搭配，如下图所示。

03 将案例中的产品组合后放到圆形色块上，再使用曲线对产品的下端进行遮挡，以此来增强画面的活跃感，让画面更有层次感，如下图所示。

04 为了填补画面的空白，使用零散的圆形进行灵活布局，使版面更加活泼生动的同时又不失整体感，如下图所示。

> 技巧与提示
>
> 点的大小和距离最好有疏有密，这样画面才能更加自然灵动。

05　选择与活动主题契合的元素放置到画面中。新建橙黄色渐变图层，用该图层的颜色统一画面的色调和饱和度，这里可以用调节不透明度的方法来调整色彩。使用"色彩平衡"命令增大黄色和红色的数值，提升画面的饱和度，如下图所示。

06　使用"画笔工具"在画面的四角刷出灰色边缘，进行压暗处理，这样可以让消费者的视线有效地集中到画面的中心区域，如下图所示。

整个设计过程合理地运用了点、线、面构成画面。点是以重复、递减、改变大小等方式进行变化的，不仅丰富了画面，还为画面增添了动感，营造了青春活跃的气氛。

3.2.5 综合案例——运动鞋海报

这个案例也是通过改变点的大小、形状和分散情况，在画面中形成动感效果。与前面案例不同的是，本案例以线为主要元素构成画面，在扁平化的版式里营造出年轻的活力感和个性的潮流感。此案例中，用黄色标记面，用红色标记线，用青色标记点。最终效果如下图所示。

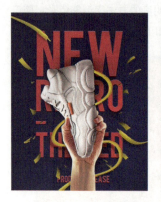

01 新建一个空白图层，使用"前景色"，将图层填充成深蓝色作为背景。

02 使用一个褶皱的纸张素材，将其放到蓝色背景图层上，并选择"正片叠底"混合模式，让褶皱的质感融入深蓝色背景中，如下图所示。

03 将文案内容排版后放到画布中。在文字排版中使用了横线对上下内容进行分隔,这样不仅能稳定版面,还能增加一些设计感。将产品和手的素材放置在文字上层,形成很好的层叠效果。这一步设计可以理解为面的构成,如下图所示。

04 虽然现在版面看起来稳定协调,但缺乏趣味性。将鞋带素材做成流动变化的线条,穿插融入背景和鞋子周围,形成很好的包裹感,填补画面四周的空白,如下图所示。

05 线的运用使画面具有设计感,但整体还缺乏一些年轻活力的氛围感和视觉表现力。将纸片拆解成多个点,分散到产品的四周,形成以面为焦点并向四周发散的效果,如下图所示。

点最重要的功能是表明位置和聚焦,点和面是相对而言的,同样是点,如果它布满整个或大面积的平面,它就是面。点与点之间连接形成线,或者说点沿着一定方向规律性地延伸后成为线,线强调方向和外形。连接平面上 3 个及以上点就可以形成面,同时,封闭的线也可以形成面,面强调形状和面积,如下图所示。

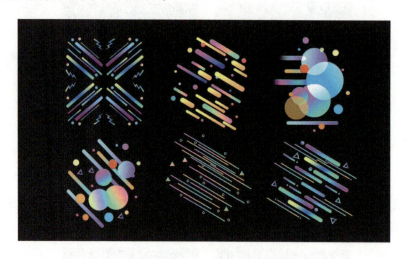

以上内容概括了点、线和面之间的微妙关系。设计师在一定空间范围内,运用基本的构图原则,安排和处理形状及符号的位置关系,使它们组成有说服力的艺术整体。点、线、面的应用范围涉及平面、电商、网页、插画、摄影、家装和建筑工业设计等,是设计师需要掌握的基本知识。

3.3 平衡构图技法

3.3.1 黄金比例之美

黄金比例是一个数学比例,是与古典设计理论相结合建立的平衡构图方式。黄金比例在自然界中几乎无处不在,黄金比例在视觉上有着无与伦比的吸引力,如下图所示。

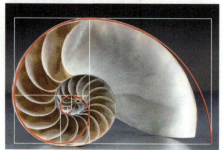

黄金比例应用里最经典的就是达·芬奇的名画《蒙娜丽莎》，其中的人物完全符合黄金螺旋构图，如下图所示。

 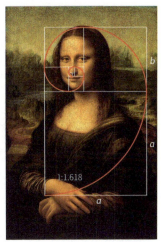

黄金矩形是指一个长方形的长是它的宽的 1.618 倍。将一个正方形拉伸为一个矩形，让其长是宽的 1.618 倍，就可以获得一个完美的黄金矩形，如下图所示。

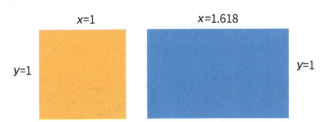

画出一个黄金矩形后，按黄金比例对其进行分割，分割出来的矩形同样遵循黄金比例，拥有均匀而平衡的比例关系，如左下图所示。

在黄金矩形里用曲线将各个矩形连接在一起，最终绘制出来的就是一条黄金螺旋线，如右下图所示。

 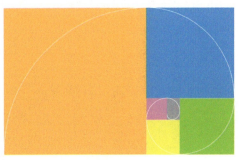

黄金比例之所以被冠名以"黄金"二字，是因为这个比例能够带来协调感和美感。由黄金比例衍生出了多种经典的构图方法，这些构图方法在摄影、电影和生活中经常被使用，部分构图法如下图所示。

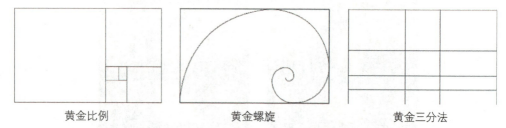

使用黄金比例布局的图片，会让画面中的大面积留白显得更加自然，其焦点的视线引导处理会为整个画面带来一种宁静感，如下图所示。

黄金螺旋构图法可以使视线很自然地沿着黄金螺旋线运动，如下图所示。将其运用在电商行业，可以很好地引导消费者观看设计师想要展现的内容，从而提高转化率。

下图中，摄影师利用了黄金三分法锁定主体，从构图上达到黄金比例的协调效果，小鸟眼睛的位置刚好在黄金三分法的视觉重心位置，整体给人一种非常舒服的视觉感受，如下图所示。

1 黄金比例

将黄金比例应用到设计中,能够打造出具有设计美感和视觉平衡感的设计作品。黄金比例的呈现形式很多,可以将它用到布局、间隔、内容、图像和图形设计中。

下图所示为文艺风的古筝产品创意海报,它完美地应用了黄金比例布局,将整个画面的重心移到了画面中弹古筝的女性上,其整体比例也保持了很好的平衡感和艺术感。

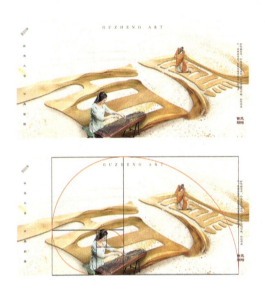

下图所示的海报具有很浓厚的中国风。黄金比例的布局让毛笔字的流畅感与人物协调统一,留出了较多的空白使画面更具观赏性。

2 黄金螺旋

将黄金螺旋运用在构图设计中,能够营造出很好的空间感并有效引导视线。以下图为例,该海报的整体画面与元素轨迹都采用了黄金螺旋构图法,整体的焦点更加明确,显得大气、有质感。

下图所示是一张话剧海报。黄金螺旋的构图让整个画面的焦点集中于门把手附近,会让人对门缝露出的画面产生更多的联想。在信息丰富的情况下,让观者的视线按一定的轨迹运动,可弥补元素内容过多造成的拥挤感和凌乱感。

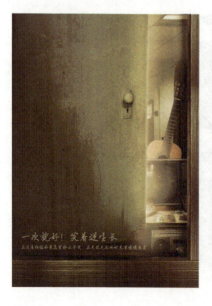 

3 黄金三分法

由黄金比例衍生出的黄金三分法，可以让布局更美观、合理。黄金三分法中线条两两交汇的地方是最吸引人视线的地方。

下图所示的女包海报的布局就是采用黄金三分法来构建视觉重心的，图中模特的鼻子、手和女包的重心都处在线条交汇的范围里；而范围外两边的文字和背景则处理得很简洁，在使整体具有美感的同时，又显得很有调性。

黄金比例构图会将观者的视线吸引到画面上的某一个特定点。黄金比例作为一个系统的概念，能够帮助设计师思考内容的布局，有效地利用层次结构。黄金比例构图的优势在于可以将产品展现做到最优化，集中吸引视线，让整个设计作品更加耐看，特别适合电商行业的网页浏览方式，有利于提高消费者的点击率和购买率。

> **技巧与提示**
>
> 构图方式有很多种，黄金比例构图不是绝对性的构图要求，不要一味地或者依赖性地为了实现黄金比例构图的框架而构图，这样反而会失去或者禁锢自己，导致难以表达自己的创意灵感。

3.3.2 构图方法

设计需要有一定的组织形式和结构形式作为各种视觉元素和视觉信息的载体，需要建立在一个视觉平面的架构体系之上，需要相应的构图形式来承载和支撑。而图形、文字和色彩就是平面设计构图中的基本视觉元素，设计师在构图时通过这些元素来表现平面设计的形式美感，传递平面设计意图和设计信息。所以设计时可在构图的上、下、左、右、前、后进行调整和布局。构图注重对设计理念、设计美感和设计意图的表现。

同样的内容在采用竖版构图和横版构图时，在设计技法上会有所不同，如下图所示。

本小节会列出设计中常见且实用性强的构图方法，并用案例讲解不同构图的巧妙之处。

1 平衡对称构图

对称美学每时每刻都出现在各种生活场景中,甚至连人体结构也符合对称美学。生活中的对称形式会让我们感到有艺术性、概念性和一致性。展示的3幅图分别是人体对称、建筑对称和自然风景对称。

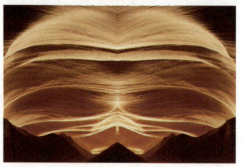

平衡对称虽然要求画面左右相同,但是过于追求内容相同的平衡也会让画面显得死板且有局限性。平衡对称构图的两侧内容可以有所不同,但整体要保持相对的平衡,如下图所示。

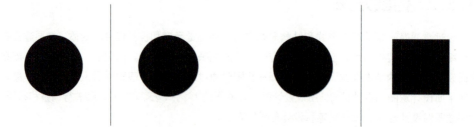

接下来的实操案例将设计一张化妆品海报,讲解平衡对称构图的技巧。

01 新建一个尺寸为 1920 像素 ×600 像素的画布，如左下图所示。

02 在画布中心建立参考线后，将背景素材放在画布的一边，如右下图所示。

03 按快捷键 "Ctrl+T" 将素材水平翻转，让画布的左右两侧填充为相同的内容，也就是实现平衡对称，如下图所示。

04 将木桩素材放到画面中心并调整，使其与两侧的背景素材融合，如左下图所示。

05 将组合好的产品放到木桩上，做好阴影处的衔接融合，如右下图所示。

06 采用对称的方式将文案放到背景的左右两侧,如右图所示。

07 将树叶放到画面中,为画面营造清新的氛围和空间感,如下图所示。

通过实操案例我们可以快速理解并掌握平衡对称的运用技法。在实际应用时,会有不同的产品、信息内容、画面结构,很难达到真正意义上的平衡。接下来讲解在版式设计中如何巧妙地利用图形、文字和色彩实现灵活的对称效果。

如果物体处于画面中心,四周留白对称,则整体是平衡的。

如果把物体放到画面右侧,则会打破平衡,出现右重左轻的现象。

为了保持相对的平衡,可在左边增加合适的内容,在视觉上达到平衡。

不仅可以使用文字实现平衡,还可以使用背景和图片素材等来达到平衡。

平衡对称法还可以快速解决版式和构图的设计问题,将杂乱的内容进行有效区分,使画面变得干净、有条理,让版式看起来具有统一性、稳定性,如下图所示。

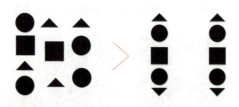

下面以天猫"双十一"女鞋海报为例,讲解如何将众多元素进行平衡对称构图。

01 打开素材文件会发现需要用到的元素很多,如果用普通的排列方法,很难设计出优秀的作品,如左下图所示。

02 根据平衡对称的构图法则,对众多元素进行重新梳理和分区,得到干净舒服的版面效果,如右下图所示。

03 分析好构图和布局后,新建一个尺寸为1400像素×800像素的画布,在画布的中心建立参考线,如左下图所示。

04 使用"钢笔工具"绘制一个多边形,用"渐变工具"为多边形填充颜色,如下图所示。

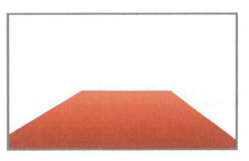

05 复制多边形图层，按快捷键Ctrl+T垂直翻转，如右图所示。

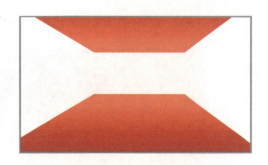

06 使用"钢笔工具"在画面左边绘制一个梯形，用"渐变工具"为梯形填充颜色，如下图所示。

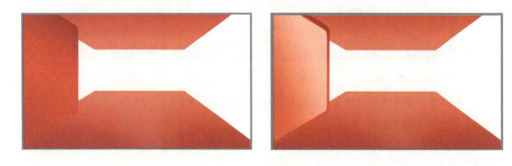

07 使用"钢笔工具"和"渐变工具"在梯形色块上绘制出多边形，营造出空间感，如下图所示。

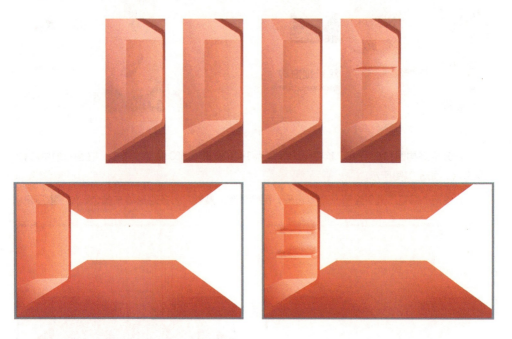

08 复制上一步中绘制的形状并缩小，将其放到画面的左后方，如左下图所示。
09 用同样的方法在左后方绘制出门，并增加左侧天花板处的灯光，如右下图所示。

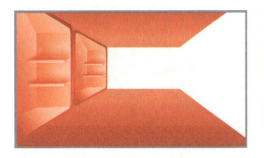
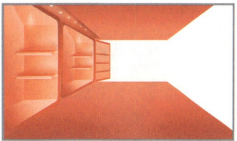

10 复制左侧的所有内容，并进行水平翻转，得到对称的画面，如左下图所示。
11 填充门后的空白处，绘制部分物体间的阴影和地板等的光泽，如右下图所示。

12 将产品依次放入画面中，营造出商场柜台的效果，然后在天花板上用"椭圆工具"绘制椭圆形并填充深色，如左下图所示。
13 将主体物放置在画面的中轴线区域，营造画面的平衡感并明确中轴线上的重心，如右下图所示。

14 使用"钢笔工具"绘制出天猫猫头的形状并进行颜色填充，需要注意的是猫头形状也要放置在中轴线上，如左下图所示。

15 复制猫头形状所在的图层，将其放到原猫头形状图层的下层，并填充出具有光泽感的渐变色，做出立体效果，与整体画面风格统一，如右下图所示。

16 添加文案内容，海报制作完成，如下图所示。

平衡对称的关键不在于画面是否满足100%的左右对称，而在于画面的重心是否平衡。接下来对比以下两张图，观察哪一张图的画面更平衡稳固。

只有咖啡机的画面并不稳定，这是因为不管是产品、素材还是背景的重心都集中在画面右侧，而画面左侧的背景又不足以支撑画面的平衡，其整体重心向右侧倾斜。

画面左重右轻、右重左轻或头重脚轻等都属于不平衡的现象。设计时一定要让画面的平衡达到令人舒适的状态，并且整体风格要一致。接下来对比以下两张图，分析哪一张图的画面更平衡稳固。

通过对比可以发现，左上图整体内容全部积压在下方，上方较空，是典型的头轻脚重，需要在上方增加一些元素让画面相对平衡一些。

2 中心构图

中心构图法也称为焦点构图法,它将画面的主体内容集中在画面的中心以引导视线,是非常经典又实用的技法,常被运用在各个设计领域中,采用中心构图法的设计案例如下图所示。

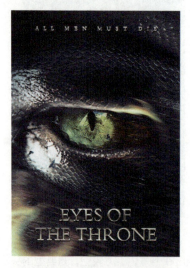
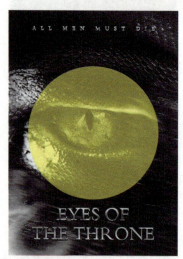

通过以上设计案例，可以发现在采用中心构图法进行设计时，会将主体和次要元素集中在中心区域附近，并通过运用较鲜明的色彩或较强对比度让中心成为引人注目的焦点，周边的次要元素会将观者的注意力引向视觉中心。这种构图的优势在于能让画面表现的内容更加集中，起到吸引眼球的作用。

接下来用简单的版式设计案例来展示中心构图的方法，具体步骤如下图所示。

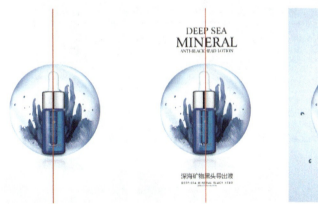

将主体置于中轴线上　　将文字与产品对齐在中轴线上　　调整背景，烘托气氛

通过实操案例可以发现运用中心构图法不仅可以提升视觉上的集中性，还能让版面变得系统、规整；在中心附近添加少量元素，能够提升版面的动感和丰富感。

3 对角线构图

对角线构图其实是引导线构图中的一种。将画面中的线条沿对角线方向延伸，对角线上的内容可以是文字、图形或产品，只要整体延伸方向与画面对角线方向接近，就可以视为对角线构图，如下图所示。

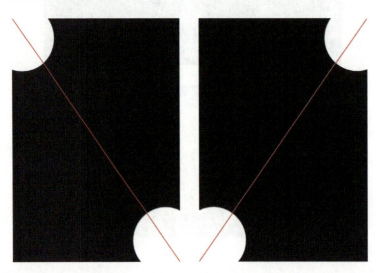

在平面、电商、摄影、插画或建筑设计等领域都会用到此构图方法，设计案例如下图所示。

通过以上设计案例，可以发现对角线是长方形画面中最长的直线段，会使画面具有延伸性，能增加画面的空间长度，便于实现留白设计。

接下来用一个简单的版式设计案例来展示对角线构图的方法，具体步骤如下图所示。

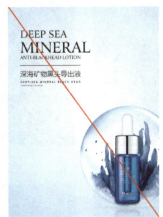

将主体置于右下角　　　　将文字信息放到画面对角线上　　　　调整背景，烘托气氛

对角线构图可以使画面很好地展现自身的内容，并且基于对角线的延伸性还能做出虚实结合，主重次轻的层级关系。

4 S形构图

S形实际上是一条曲线，只是这种曲线是有规律的。使用S形构图的画面优美且富有活力和韵味，同时观看的视线会随着S形向纵深处移动，能有力地表现出场景的空间感和深度感。S形构图的设计案例如下图所示。

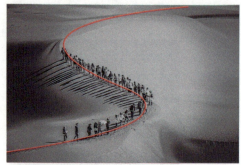
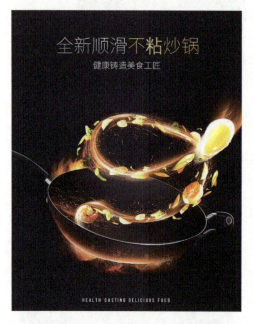
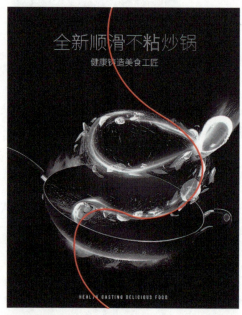

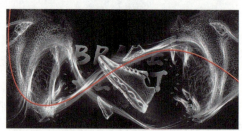

通过以上设计案例，可以发现S形构图能够使画面具有灵活感和富有艺术性的美感，并且能融入更有创意、更有趣的表现形式。S形分竖式和横式两种，竖式可表现出画面的纵深感，横式可表现出画面的宽广感。

接下来用简单的版式设计案例来展示S形构图的方法，具体步骤如下图所示。

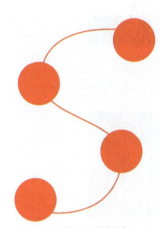
确定S形的位置和摆放方式

添加文字，达到相对平衡

把内容放置到S形的位置

通过实操案例可以发现使用S形构图在将产品和文字融入画面时，需要调节内容的大小比例，做到有大有小、有近有远，这样才能体现出S形构图的灵活性和艺术性。

5 三角形构图

三角形构图又叫金字塔构图,画面中主要元素的分布呈三角形。正置三角形的构图会给人以稳定感,如最典型的金字塔。三角形构图设计案例如下图所示。

倒三角形或斜三角形的构图在实现凝聚力和整体感的同时又不失灵活性,如下图所示。

三角形构图是指将画面中的主体元素放在三角形中，或者元素本身就能够形成三角形的轮廓。三角形是非常稳定的形状，具有安定、均衡但又不失灵活的特点。

接下来用简单的版式设计案例来展示三角形构图（此处采用倒三角形构图）的方法，具体步骤如下图所示。

确定倒三角形的布局方式　　　将产品元素放到上方位置　　　在下方添加文字，完成倒三角形构图

通过实操案例可以发现，在进行三角形构图时，需要让三角形一边的内容小于另外两边，这样才能体现出稳定性。

3.3.3 综合案例——吸尘器海报

除本节介绍的构图方法以外，还有很多实用的构图技法，对于不同的内容和设计风格，设计师需要灵活使用版式构图，以提升画面的美观度。接下来以吸尘器海报为实操案例来介绍构图的过程，最终效果如下图所示。

01 在设计时先确定画面的构图方式，本案例选用对角线构图方式，如左下图所示。

02 添加木板素材并调整，使其具有对角线的视觉感，然后使用图层蒙版将不需要的边缘删除，如中下图和右下图所示。

03 将吸尘器放入画面中，使其方向调为与地板的斜线纹理方向一致，绘制阴影，如下图所示。

04 使用"画笔工具"在吸尘器周围填充出绿色光感，选择笔刷的时候可以根据效果调节其不透明度；选择"钢笔工具"或"画笔工具"，使用同样的颜色画出吸尘器头部的内部结构及前端的吸力表现效果，以营造科技感，如下图所示。

05 将另一个产品以同样的角度放在主产品的后面,做出近大远小的透视层次感;将砂石、灰尘等素材放置到吸尘器前方,体现产品功能,增强动感,如下图所示。

06 根据对角线构图的原理,将文字放置在画面的左上方,且文字色彩与产品光源的颜色统一,如下图所示。

> **技巧与提示**
>
> 在使用版式构图时,切忌死板地使用构图结构,应适当根据设计内容进行灵活调整。

使用版式构图时,不可完全机械性地套用,要用跳跃性和开拓性的思维去思考,不同的产品和主题应该有不一样的版式和布局,这样才能实现设计的创造性。

3.4 逻辑构图的心理学

逻辑构图是指对画面中的内容和图像进行组合、排列和设计,让浏览者能够在短时间内流畅地阅读,并且得到很好的浏览体验的一种构图方式。逻辑构图能够清晰传达画面内容的意义,让浏览者明白画面想要传达的信息。

看到下图中车的走向后,浏览者的视线会不自觉地移动到远处的山脉上,这是因为逻辑构图和视觉心理引导了浏览视线。

下面有两张水果组合图，左图中的水果都各有不同，但没有哪一个能够聚焦人们的视线；而在右图中，中间的水果颜色不一样，能够一下聚焦人们的视线。

在电商设计中，需要运用逻辑构图来引导消费者浏览。接下来从3个方面诠释逻辑构图的影响力。

3.4.1 图片想象性

本小节通过几张图片来展现逻辑构图对图片想象性的影响。

左下图展示的是美食，当其与右下图放在一起时，会让我们联想到饥饿。这就是图片想象性的作用，因为人的大脑是具有联想功能的，可以结合两张不同的图像来让人产生联想。

左下图展示的是床垫，当其与右下图中的白云联系在一起时，会让我们联系到床垫很柔软、很轻盈等。利用图片的想象性，可以在做电商主图或挖掘产品卖点时，引导消费者心理。

通过以上的联想，做一张床垫详情页海报。将夜晚星空中的云朵和床垫结合，体现出床垫柔软、轻盈的感觉，再使用宝宝素材，让宝宝很舒服地贴合在云朵上，促使消费者产生床垫很柔软能够舒服入眠的想象。这就是本节开头所说的心理暗示和引导方法。

同样是家具用品，如果想突出的卖点是"纯实木制造"，就可以搭配大自然的图像，让消费者联想到床是由实木制造的，加强消费者对产品的信任感。通过图片想象性，组合使用不同元素，能凸显不同的卖点，如下图所示。

结合上面的联想做一张家具用品的海报。通过场景合成的手法，将房间内的床和屋外的大自然场景紧密地结合在一起，并且让马处在房间和屋外场景的衔接处，从而让消费者联想到健康和产品材质，如下图所示。

3.4.2 阅读舒适性

下面通过案例来讲解阅读舒适性对版式的影响。

下图所示是一张详情页的部分内容,虽然是常规的图片组合方式,但是主体的占比很大,显得整个画面很拥挤,让人无法得到舒适的阅读体验。

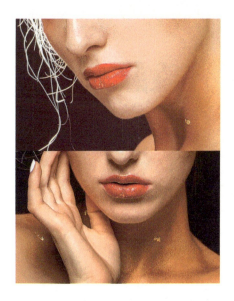
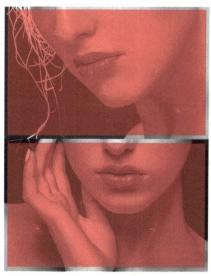

对内容和图片进行大小和框架结构的调整,结合文字内容的排版,让整体画面的空间得到舒展,更能展现出版式的精致,如下图所示。

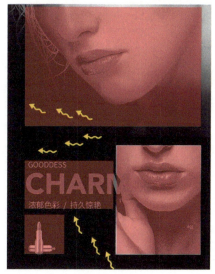

下图所示是详情页的部分展示效果。通过分析它们的版式布局，可以发现在浏览时，视线方向会发生多次改变，影响消费者观看时的流畅感；文字和产品被排列在一起后，弱化了内容的表达，难以凸显卖点，如下图所示。

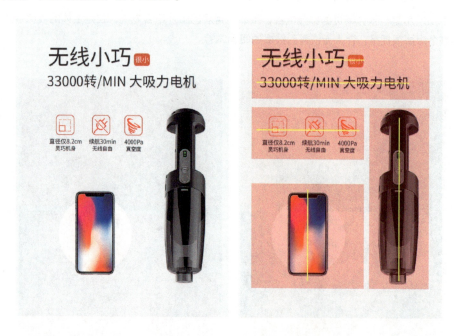

根据上面对版式的分析，重新对画面内容进行梳理与排列，将文字和产品分成两个独立块，简化浏览的方向线，使画面更加统一，突出产品卖点，如下图所示。

3.4.3 内容引导

在设计海报或详情页时，经常会出现主体内容过于分散，从而导致焦点不够集中，表达的信息无法受到消费者重视的情况，这是因为版式中对视觉心理的影响不够，在阅读时，人们并不会一直扫视内容，而会有规律地停顿和跳跃。人们的视线一定会最先被具有视觉性的图像（焦点）所吸引，之后才从焦点上移动到其他角度或元素上。下面将内容引导分为以下3个部分：聚焦、方向引导和锁定。

1 聚焦

这里的聚焦指的是利用文字内容、色彩和图形元素等的组合变化改变版式的结构，引导消费者首先关注画面中的重要部分，即聚集消费者的视线。接下来通过案例来说明聚焦对版式的影响。

下图所示是一张促销活动的海报图。它将活动信息放到画面的中心区域，并且将人物素材左右对称地放在画面中，以人物运动的方向来引导消费者的视线，消费者的视线会不自觉地被引向画面的中心区域。整个画面没有做任何文字色彩或背景的渲染就实现了内容上的引导。

聚焦的方法有很多种，除上述案例介绍的方法以外，还可以利用色彩、图形元素的组合来引导消费者的视线。例如，将黑色圆形色块放在画面中心，将人物和文字内容全部集中在黑色圆形内；背景使用黄色，与黑色的圆形形成强烈的色彩反差，这就属于颜色和图形类的聚焦引导。成品图的效果就像夜晚的照明灯一样引人注目，如下图所示。

2 方向引导

人们在观察事物时，视线会按照一定的顺序进行有规律的移动，所以可以利用画面中产品、图像或图形元素的方向来引导消费者的浏览视线。方向引导经常被应用在电商的 Banner 和详情页的设计中。

接下来通过一组案例的排列引导方式，说明方向引导的重要性，以及对消费心理的影响。案例中人物和包的朝向是向右的，而文字内容则在左侧，消费者浏览的时候，视线会不由自主地被引导到画面外，这会导致文字内容被忽略。

将人物和包的朝向调整为向左，同时文字内容的位置（在左侧）不变，将人们的视线向文字的方向引导。

3 锁定

一个成功的版式设计，会让浏览者的视线尽可能多地接触到画面中的所有元素。当浏览者对关注的元素失去兴趣时，视线便会转移。为了避免视线移出画面，设计师可以通过版式设计把浏览者的视线锁定在画面中，这就是锁定的作用。它经常被应用在详情页的设计中，可以有效降低浏览跳失率，如右图所示。

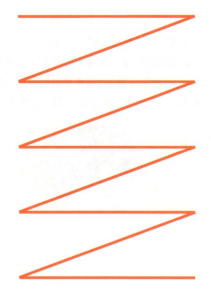

下面通过案例来讲解如何锁定浏览者的视线。通过观察可以发现下图所示的整个画面四周过于宽松，浏览者的视线会在不经意间移动到画面外，导致视线停留在画面内的时间较短，无法有效传达画面中的信息。

在画面的角落添加点缀元素和一些文字内容，为视线的移动增加障碍物，可使浏览者的视线重新返回画面中，让视线和信息得到充分的接触，如下图所示。

接下来通过设计女装的 Banner，进一步讲解运用内容引导的方法。

01　新建一个尺寸为 1920 像素 ×700 像素的画布，然后将女装模特放到画面的中心位置，如左下图所示。

02　利用聚焦和锁定的逻辑方法，构建出一个基础画面布局：以人物中心为聚焦点，向外扩散视线的移动轨迹。这样可以将内容与产品紧密结合，并且便于观者浏览，如右下图所示。

03　将主题内容放在模特的后方，使画面具有空间层次感，如左下图所示。

04　根据构建的布局，将文字和图形素材放置在人物的周围，如右下图所示。

05　调整模特的色调及字体和遮盖处的阴影，让画面看起来饱满、有质感，如左下图所示。

06　检查视线移动的轨迹是否顺畅。虽然每个人的阅读习惯可能略有不同，但是一般都以信息从大到小作为视线的移动顺序，如右下图所示。

上述案例讲解了逻辑构图对电商设计的影响，以及对浏览的体验和视觉心理的引导作用。逻辑构图只是视觉心理中的一小部分。掌握了消费者心理就能更好地提升消费者的观看欲、购买欲、体验欲和认知欲。

3.5 文字与版式的关系

3.5.1 文字组的距离

　　文字是版式设计中的重要组成部分，相对于图片的暗示性，文字能传达出更具体明确的信息。可将主标题文字、副标题文字和其他文字根据信息的主次划分成多个组块，组块内部也会再进行细致的划分。最后组合组块形成一个整体，使信息表达更加明确，从而简化阅读。

　　用色块代替文字信息组块来进行版式上的对比。下图中色块之间的距离是接近的，看上去好像很规整，但是在将文字填充进去后，会发现在阅读时无法分辨信息之间的主次关系，容易造成阅读障碍和信息解读时间过长的问题。要根据信息的重要性，进行信息主次的分组，调整文字信息组块与组块之间的距离。

　　通过调整组块与组块之间的距离，形成层次感和主次关系，如下图所示。

　　将文字信息填充进去后，会发现文字之间的距离和空间感发生了明显的变化，信息的主次关系更加清晰，达到了简化表述，突出重点诉求的目的。

3.5.2 字距和行距

当我们在选择字体时，软件会自动应用默认的字距和行距值，但是这个默认值只适合某种固定场景，并不通用。在设计 Banner 和标题类的文字时，需要重新调整字距和行距，使字与字之间形成紧密或分离的关系，提高文字的可读性。

软件默认字距一般为 0，这是适用于叙述性文字的数值。当文字放大成标题时，字距也会随之变化，导致标题文字在整体中显得松散或拥挤，如下图所示。

注意字距数值要根据字体本身的粗细程度和观感来调整，要让当前画面比例给人舒适感。

同样的字距设置，因为字号大小的变化，字间距在同一版面上会形成拥挤和松散两种不同的效果。

左下图所示为默认状态下的标题间距，较为松散。

右下图所示为将字间距缩小后的效果，提高了阅读的速度。

字号能够体现内容的主次关系。一般来说，主标题文字或重要文字会比副标题或其他陪衬文字大很多，并且主标题文字需要紧密显眼，而副标题或其他陪衬文字的字距宽松且字号相对较小。

左下图所示的副标题和主标题的字距相等，画面没有层次感，并且显得拥挤。

右下图所示的内容中，将副标题的字号调小了，并且增大了字距，整体有了主次之分，提高了阅读的可识别性。

在设置行距的时候，需要保持文字行与行之间的层次感和整体感，具体的行距数值需要根据版式调整。

左下图所示内容中，行距过大，弱化了标题的整体感，在阅读时会显得很分散。

右下图所示内容中，缩小了行距，保证了阅读的统一性和流畅性。

在文字排版中，除了要注意字距和行距外，还需要讲究版式上的美观性和逻辑性。如果字距和行距相等，就会对浏览者造成无法分辨是横读还是竖读的阅读障碍，并且版面会显得死板、不美观。

左下图所示内容的字距与行距相等，影响了阅读的逻辑性。

右下图所示的内容在保证阅读逻辑不受影响的前提下，调小了第一行文字的字号，并且调大了行距，提升了整体的美观度。

3.5.3 段落版式

前面讲解的都是标题文字的版式设计，接下来分析叙述性文字的版式设计。一般在对叙述性文字进行排版时，很多设计师都会犯以下案例中的错误。

下图所示内容的每行字数过多，会影响阅读，使浏览者无法快速准确地浏览内容。

下图所示内容的行距过小，会造成阅读困难，影响版面美观。

左下图所示内容的每行字数过少,容易造成浏览者在阅读时跳行。

右下图所示内容的行距过大,缺少整体感。

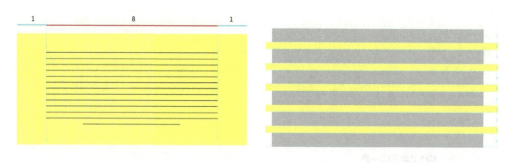

为了保证整体阅读的流畅性和版式设计的美观度,叙述性文字的长度占整个版面的 8/10 较好,如左下图所示。

在版面特殊时,叙述性文字的长度比例会调整成 7/10 或者 6/10,此时行距设置为原字段的 1/2 或 1/3 较为合适,如右下图所示。

3.5.4 文字对比

在进行文字排版组合时,为了凸显卖点和主题,或者为了让浏览者能快速识别和记忆内容,可调整文字字号和颜色,做出反差效果。

以右图为例,其中的文案内容是关于取暖和功率的,如果想要打动消费者,就需要突出取暖器的卖点。

将文案内容分成主标题、卖点、辅助卖点或其他叙述性内容的层次关系。

将辅助卖点的字号缩小，增大它与主标题之间的行距，并搭配圆角矩形，让整体内容有清晰的主次之分。

从文案中挖掘更容易被记忆的卖点信息，改变其字体颜色，做出反差效果，使浏览者能一眼记住。

将"2200W"的字体加粗，弱化"大功率覆盖"，加强对比，强调卖点。

对比一下优化前和优化后的效果，优化后的文案具有较强的可识别性、可记忆性和设计美感，能更好地将主要卖点呈现给消费者，让消费者更快、更便捷地阅读理解。

搭配恰当的产品图片，能够让消费者直观感受到产品的卖点和优势。

同样的内容与主题，若将文字进行对比应用，会直接影响版面的美观性与易读性。挖掘出文案中的利益重点后，只需要加大字号、加粗文字和改变文字颜色，就能把设计变得既美观又具有可读性，如下图所示。有时候为了让对比更加强烈，会改变字体或颜色的不透明度，以便产生具有焦点的对比效果。

除了可以通过改变字体的字号和颜色等方式做出反差效果外，还可以通过调整文字的间距得到更精致的版式效果。

以下图所示的文案为例，首先明确文案表达的内容和促销卖点。

将文案内容分成主题、卖点、辅助卖点或其他叙述性内容的层次关系。

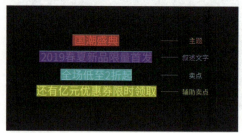

将叙述性文字和部分弱信息的字号调小，并且分成文字组块，让整段内容有清晰的辨识度。

调整字体和字号大小，突出反差效果，并且将主题内容的字距减小，将叙述性文字的字距增大。

最后对卖点文字做颜色调整，让主题和卖点更加明确，使消费者能够快速清晰地看到有利的内容。

字距的松紧对比是为了形成更好的版式层次空间和视觉效果，如果整个版面的文字排版都是松的或都是紧的，就会让人觉得呆板或不稳定。

3.5.5 综合案例——天猫促销案例

在针对不同主题和内容进行文字组合排版时，需要穿插运用图形、装饰、线条等元素，使文字内部的变化更加灵动，提升整个画面的趣味性。

01 分析文案主题内容和卖点，如左下图所示。

02 将文案分成主标题、卖点、辅助卖点和叙述文字的层次关系，如右下图所示。

03 按照层次关系将文案进行重新编组，如左下图所示。此时增加了"11.1-11.1"的文案，使促销页的表达更清晰。

04 调整行距并改变字号大小，让文案内容有清晰的辨识度，强化组块与组块之间的层次和强弱关系，如右下图所示。

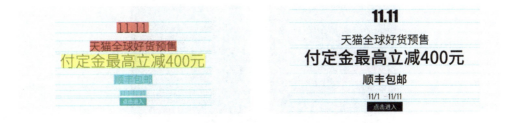

05 加入倒三角形元素，使画面更加饱满，如左下图所示。

06 将倒三角形线条截空的部分与文字穿插，使视线更容易集中在文字部分，倒三角形的处理效果如右下图所示。

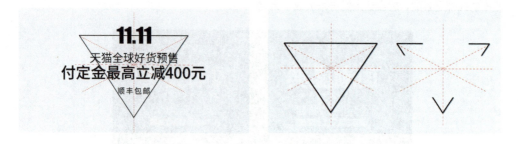

07 将文案中的符号用更简洁的线条或图形代替，让画面更加简洁精致，如下图所示。

08 对比调整前和调整后的效果，会发现调整文字的字号和间距，可以增强视觉层次感；增加图形和线条装饰，有利于提升画面的美观度，如右图所示。

09 添加活动背景图。文案的设计和背景图的契合度越高，越具有活动促销的氛围，如下图所示。

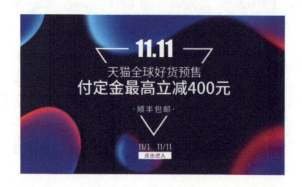

3.5.6 综合案例——钻戒促销案例

01 分析文案主题和卖点，如左下图所示。

02 分清层次关系，便于消费者更好地阅读理解，如右下图所示。

03 通过分析层次关系对文字进行重新编组，并调整文字的行距，如左下图所示。

04 将"真爱一生"主标题文字打散，与"LOVE"进行结合，并调整文字和字母的模糊度，加强文字间的对比关系，如右下图所示。

05 将辅助图形和不重要的文字作为装饰元素放置到画面的左右两边，填补画面的空白，如右图所示。

06 添加背景图后，可以发现文字组合的设计感与主题能够很好地契合。对比下面两张图，能够明显地发现左图更具有设计感和精致感，右图整体偏硬朗，不够柔和。

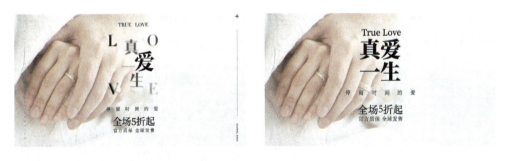

以上案例更进一步地讲解了文字组合的层次关系、行距、字距、段落版式、文字对比，以及结合图形和线条装饰文字等内容。在电商设计中，主题文字的版式设计会对画面的设计感和可记忆性起到决定性作用。

3.6 留白

3.6.1 留白的目的

留白本身最根本的目的是解决内容拥挤、画面凌乱和排版不干净的问题。在设计层面上，留白是为了提升画面的艺术性、设计质感和设计档次，便于塑造设计风格。尤其是在电商设计中，适当进行留白，可以提升画面的通透性和阅读体验。

1 留白的空间感

左下图中大量的空白画面赋予了人物力量，容易聚焦人们的视线，整个画面给人一种宁静舒服的感觉；大量的留白让画面的空间感也得到了增强。

右下图所示的画面被丰富多彩的水果铺满，虽抓人眼球但没有视觉着力点，其中的水果品类看似繁多，却无法激起人们的食欲。

2 留白的视觉焦点

在左下图的画面中，人的视线是不会被其他无用的元素抢走的，应用留白让视线更聚集。

右下图中密密麻麻的人挤满了整个画面，这导致整个画面不但没有视觉焦点，而且浏览者的视线也会极易被分散。

3 留白的呼吸感

留白给人的呼吸感就像我们看到的蓝天白云一样，空间范围越广，人的呼吸也会越顺畅，如左下图所示。

画面中的元素密密麻麻或过度拥挤会给人一种压迫感，让浏览者在观看时产生抗拒心理和不舒适感，如右下图所示。

3.6.2 留白设计的误区

消费者希望能够一眼看到海报中的关键信息和产品，而不是琳琅满目的元素和次要信息充斥着整个画面。留白在设计中掌控着画面的呼吸感、节奏和质感，但是设计师在运用留白设计时，容易陷入很多误区。

1 信息不够明确

下图所示画面的背景和文字虽然没有显得很拥挤，但是整体的文字信息和背景盖过了产品，使海报缺少吸引人的焦点。

经过优化调整后，干净的纯色背景配上排版规整的文字，使产品信息能清晰准确地传达给消费者，整体画面的视觉效果简单有力又不失质感。

❷ 视觉信息分散

左下图所示的案例想要通过文字和色块元素的排版凸显主体,以及体现出空间层次感,但色块和文字元素杂乱,使画面既拥挤又缺乏视觉焦点。

右下图所示的案例也使用了非常多的色块和线条元素,与人物形成了立体的空间效果。该案例中虽然元素众多,但是通过合理的排版和留白处理,整个画面看起来简洁干净,并且能够集中视线。

❸ 无法体现品牌质感

若多种颜色混合在同一背景中,字体与版式不够精致,就体现不出手机的品质感,甚至会产生廉价的感觉,如左下图所示。

采用深灰色的单一背景,利用色块与产品结合,营造神秘感,搭配上简单细腻的文字和适当的留白,可让整个画面有通透感和品质感,如右下图所示。

留白能够解决画面杂乱、信息传达不够明确和无法体现品牌质感等问题。但是留白并不是越多越好,也不是只要留出空间就叫留白设计。留白设计时,需要根据产品风格、主题性质和文案需求来调整留白的大小和位置。

有些设计风格需要使用大量的元素和色彩来烘托活动气氛,加强消费者的代入感,如果使用大量留白则会弱化情感,降低传递的效果,这也是留白的缺陷。留白更多地被应用在雅致、高端和文艺的设计风格中。

3.7 综合案例——榨汁机海报优化方案

任何设计理论和技巧都需要与实操案例结合才能被深度理解。在进行案例讲解前，先将画面分为3层，第1层是背景层，第2层是内容层，第3层是文字层。通过划分层次，能够更好地使用留白技巧。

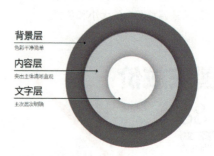

先来分析下图所示的海报中存在的问题。虽然合成的背景能增强消费者的代入感，但是复杂的背景层干扰到了内容层，影响了海报真正想要传达的信息，并且字体使用过多，没有和整体统一起来。

接下来对这张海报进行调整。

01 将背景和文字去除，还原到初始设计状态，如左下图所示。

02 使用"吸管工具"吸取产品的颜色。吸取颜色后，筛选出符合画面和产品的配色，并运用到背景中，在适当情况下可以做渐变调整，如右下图所示。

03 在进行版式构图时，先观察整个画面的通透性，文字内容应放到留白较多的区域，以保持画面的平衡，如下图所示。

04 分析文案内容的主次关系，加大、加粗主信息文字，提高醒目度；弱化次要信息，将其作为辅助内容。原海报中字体使用过多，正常情况下，一个版面内不要超过3种字体，所以对字体进行了统一，如下图所示。

05 调整后的文字版式强化了卖点，文字内容之间具有层次感，能让消费者快速理解产品的特点，如下图所示。

06 修改后的海报简洁清爽，内容和产品展示更直观，从文案信息中挖掘出的卖点表达得精准有力，画面的简洁感和内容的统一性体现出了产品的品质感，如下图所示。

对比一下修改后和修改前的效果。这个案例中，留白起到了强调主题的作用，因为没有大量的辅助元素和图形来分散消费者的视觉注意力，所以消费者会将更多的注意力集中在文案和产品上，如下图所示。

有些海报画面看似丰富，内容信息很多，但能被消费者捕捉并记住的信息很少。干净简洁的画面能给消费者留下深刻的印象，同时更有利于传播。

第 4 章
电商设计需要掌握的合成技巧

4.1 合成基础

4.2 光影知识

4.3 透视知识

4.1 合成基础

图像合成是利用 Photoshop 软件完成的，其目的是将多张图像融合成一张图。在商业领域中，图像合成应用非常广泛，平面、电商和插画领域也会运用到图像合成。图像合成是设计师必须掌握的一项技能。

4.1.1 抠图技巧

抠图是图像处理中常用的技巧之一。利用抠图技巧可把图片或影像的某一部分从原始图片或影像中分离出来，将其作为单独的图层，为后期的合成做准备。一般会根据图片的背景、质量等来判断需要用到的抠图工具和技巧。

1 选框工具和套索工具

如果所抠的图像是规则的形状，如矩形、圆形或多边形等，可以使用选框工具或套索工具抠图。

下面介绍使用"多边形套索工具"进行抠图的方法。

01 在 Photoshop 软件中打开素材图片，选择左侧工具箱中的"多边形套索工具"，沿着产品边缘绘制路径。

02 闭合路径后，软件会自动添加绘制的选区。

03 按Ctrl+J快捷键，将选区的内容复制到新的图层中，并隐藏背景图层。

2 魔棒工具

如果图片背景是纯色或相近色，可以使用"魔棒工具" 快速去除背景。

01 在Photoshop软件中打开素材图片，如左下图所示。

02 按Ctrl+J快捷键复制背景图层，在左侧工具箱中选择"魔棒工具" ，如右下图所示。

03 设置"容差"值为30。

> **技巧与提示**
>
> 若背景与主体颜色相差较大，则可以将"容差"的数值设置得大一些；若背景与主体颜色接近，则可以将"容差"值设置得小一些。

04 在图片背景上单击鼠标左键，选中选区。

05 按住 Shift 键，或者在选项栏中单击"添加到选区"按钮，选中少选的区域。

> **技巧与提示**
>
> 如果多选了，按住 Alt 键，或者单击选项栏中的"从选区减去"按钮，从当前选区减去多选的区域即可，如下图所示。
>
>

06 按 Ctrl+Shift+I 快捷键将选区反向。

07 在图像上单击鼠标右键，执行"选择并遮住"命令。

> **技巧与提示**
>
> 有的 Photoshop 版本中"选择并遮住"命令又叫"调整边缘"命令。

08 在弹出的对话框中设置"平滑"参数,并设置"输出到"为"新建图层"。
09 单击"确定"按钮,图像即被抠出,并保存到新建的图层中。

10 在"图层"面板中新建"图层 2"图层,并将其调整到"图层 1"图层的下方。
11 设置背景色为白色。按 Ctrl+Delete 快捷键填充背景色。

12 最终效果如下图所示。

117

3 钢笔工具

对于背景比较复杂，主体与背景颜色较相似的图像，需要使用"钢笔工具"进行抠图。下图所示是运用"钢笔工具"进行抠图，并替换背景的前后效果对比。

01 在 Photoshop 软件中打开素材图片，如左下图所示。

02 按 Ctrl+J 快捷键复制背景图层，选择工具箱中的"钢笔工具"，如右下图所示。

03 在主体周围依次单击并拖曳控制柄创建路径。起点和终点重合时，即可完成路径绘制。

04 按 Ctrl+Enter 快捷键，将路径载入选区。

> **技巧与提示**
>
> 在创建路径时，按住 Ctrl 键可以移动锚点。
> 按住 Alt 键并单击锚点可以将方向线收起。

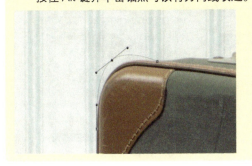

05 选择"矩形选框工具"[], 在选区上单击鼠标右键，执行"选择并遮住"命令。

06 打开"选择并遮住"对话框，设置"平滑"参数，并设置"输出到"为"新建图层"，单击"确定"按钮。

07 主体被抠出，将其所在图层命名为"图层1"。

08 打开一张背景图，使用"移动工具"✥将其移动到"图层1"图层的下方，并命名为"图层2"。

09 对背景图进行模糊处理。在"滤镜"菜单中执行"高斯模糊"命令，参数调节如右下图所示。将背景与主体融合，做出近实远虚的层次效果。

10 选中主体，按 Ctrl+T 快捷键进行自由变换，再按住 Ctrl+Shift 组合键配合鼠标进行等比例缩小调节，将其放置在背景图上。

11 为了让主体与背景更好地融合，单击"图层"面板下方的"添加图层样式"按钮 fx，在弹出的下拉菜单中执行"投影"命令。在弹出的对话框中设置"投影"的各项参数。

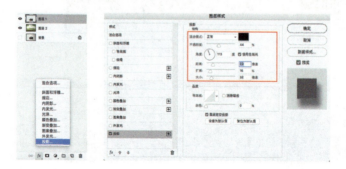

12 单击"确定"按钮,设置投影效果后,主体与背景融合得更好。

13 主体受原背景影响,颜色偏暗,单击"图层"面板下方的"创建新的填充或调整图层"按钮 ,在弹出的下拉菜单中执行"亮度/对比度"命令,进行参数设置,调亮主体,具体参数设置如下图所示。

14 为了只让主体受参数调节的影响,而图像里的其他元素不受影响,选择"亮度/对比度1"调整图层,然后单击鼠标右键,执行"创建剪贴蒙版"命令,将"亮度/对比度1"图层嵌入"图层1"里。

15 最终合成效果如右下图所示。

121

4 快速选择工具

当需要对具有毛发的玩具、人物等图像进行抠图合成时,往往需要抠出毛发。下面介绍毛发的抠取方法,下图所示为抠取前后的效果对比。

01 在 Photoshop 软件中打开素材图片,在左侧工具箱中选择"快速选择工具"。

02 围绕着人物单击,完成选区的选取。

03 按 Ctrl+Shift+I 快捷键进行反向选择,在选项栏中单击"选择并遮住"按钮 选择并遮住... 。

04 这时可以发现毛发没有了,在"属性"面板中增大"半径"参数值,将毛发显示出来,设置"输出到"为"新建带有图层蒙版的图层",如下页左图所示,单击"确定"按钮。

05 人物和毛发被完整抠出，将人物图层命名为"图层1"。

06 新建一个图层并命名为"图层2"。选择工具箱中的"渐变工具"，然后在弹出的对话框中选择背景的渐变颜色。

07 对"图层2"图层填充所选的渐变色背景。

08 最终效果如下图所示。

抠图的技巧还有很多，但以上所述的多种抠图技巧已基本可以满足不同的图片和场景下的抠图需求。

4.1.2 图层混合模式

图层混合模式是指利用软件的计算功能，对上、下图层进行混合，得到另一种色彩叠加效果。混合模式可以产生多种迥异的合成效果，接下来先了解一下图层有哪些混合模式。

打开任意图层，单击"设置图层的混合模式"右侧的下拉按钮 ∨。

在弹出的下拉菜单中显示了所有的图层混合模式，如左下图所示。

Photoshop 软件将混合模式用线条进行了分类，为了让读者能更清晰地理解混合模式的功能效果，这里将混合模式分为了不同的类别：加深模式、减淡模式、对比模式、比较模式和色彩模式。右下图将设计中常用的混合模式用红色进行了标注。

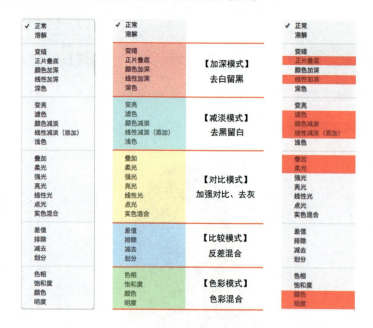

接下来对不同混合模式的效果进行讲解。"正常"为默认模式。

1 溶解

"溶解"模式对应的效果需要配合调整图层的不透明度来实现。

01 将"图层2"放到"图层1"的上方。左下图所示为"图层2",右下图所示为"图层1"。

02 选中"图层2"应用"溶解"模式后,图像没有发生任何的变化,将"图层2"的不透明度降低后,得到了"溶解"的效果。

2 变暗

01 将"图层2"放到"图层1"上方。左下图所示为"图层1",右下图所示为"图层2"。

选中"图层2",应用图层混合模式中的"变暗"模式,得到的最终效果如右下图所示。

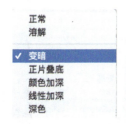 

3 正片叠底

"正片叠底"模式是任何颜色与黑色混合后的结果都为黑色,任何颜色与白色混合后保持不变,简而言之就是应用了"正片叠后"模式的图像除了白色之外的区域都会变暗。

01 将"图层2"放到"图层1"的上方。左边为"图层2",右边为"图层1"。

02 选中"图层2",应用图层混合模式中的"正片叠底"模式,得到的最终效果如右图所示。

4 颜色加深

"颜色加深"模式是保留当前图像中的白色区域,并加深深色区域。

01 将"图层2"放到"图层1"的上方。左边为"图层2",右边为"图层1"。

02 选中"图层2",应用图层混合模式中的"颜色加深"模式,得到的最终效果如右图所示。

5 线性加深

"线性加深"模式和"正片叠底"模式的原理相同,但它会使颜色变得更暗、更深。

01 将"图层2"放到"图层1"的上方。左边为"图层2",右边为"图层1"。

02 选中"图层2"应用图层混合模式中的"线性加深"模式,得到的最终效果如右图所示。

6 深色

"深色"模式能使图片产生变暗效果,但是能从混合的图片上看出混合的区域。

01 将"图层2"放到"图层1"的上方。左边为"图层2",右边为"图层1"。

02 选中"图层2",应用图层混合模式中的"深色"模式,得到的最终效果如右图所示。

7 变亮

"变亮"模式与"变暗"模式的效果完全相反,该模式取颜色较亮的区域作为混合后的结果色,任何颜色与黑色混合后不发生变化,与白色混合后变白色。

01 将"图层2"放到"图层1"的上方。左边为"图层2",右边为"图层1"。

02 选中"图层2",应用图层混合模式中的"变亮"模式,得到的最终效果如右图所示。

8 滤色

"滤色"模式会使图像产生漂白与提亮效果。

01 将"图层2"放到"图层1"的上方。左边为"图层2",右边为"图层1"。

02 选中"图层2",应用图层混合模式中的"滤色"模式,得到的最终效果如右图所示。

9 颜色减淡

"颜色减淡"模式与"颜色加深"模式的效果完全相反,颜色越暗,混合效果越好,提亮后对比效果越明显。

01 将"图层2"放到"图层1"的上方。左边为"图层2",右边为"图层1"。

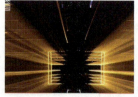 

02 选中"图层2",应用图层混合模式中的"颜色减淡"模式,得到的最终效果如右图所示。

10 线性减淡

"线性减淡"模式与"线性加深"模式的效果完全相反,与"滤色"模式的效果相似,但是比"滤色"模式的对比效果好,它通过改变亮度使下层图像的颜色变亮。

01 将"图层2"放到"图层1"的上方。左边为"图层2",右边为"图层1"。

02 选中"图层2",应用图层混合模式中的"线性减淡"模式,得到的最终效果如右图所示。

11 浅色

"浅色"模式与"深色"模式的效果相反,和"变亮"模式的效果相似,能清楚反映颜色变化区域。

01 将"图层2"放到"图层1"的上方。左边为"图层2",右边为"图层1"。

02 选中"图层2",应用图层混合模式中的"浅色"模式,得到的最终效果如右图所示。

12 叠加

"叠加"模式在下层图像上进行"叠加",高光和阴影部分的亮度和对比度会被保留下来。

01 将"图层2"放到"图层1"的上方。左边为"图层2",右边为"图层1"。

02 选中"图层2",应用图层混合模式中的"叠加"模式,得到的最终效果如右图所示。

13 柔光

使用"柔光"模式时,如果上层图像比下层图像亮,则混合后的颜色更亮,图像的亮度反差增大。

01 将"图层2"放到"图层1"的上方。左边为"图层2",右边为"图层1"。

02 选中"图层2",应用图层混合模式中的"柔光"模式,得到的最终效果如右图所示。

14 强光

"强光"模式可以添加高光,也可以添加暗调,最终达到"正片叠底"和"滤色"的效果。

01 将"图层2"放到"图层1"的上方。左边为"图层2",右边为"图层1"。

02 选中"图层2",应用图层混合模式中的"强光"模式,得到的最终效果如右图所示。

15 亮光

使用"亮光"模式会让图像饱和度更高,对比更强,最终达到颜色加深或颜色减淡的效果。

01 将"图层2"放到"图层1"的上方。左边为"图层2",右边为"图层1"。

02 选中"图层2",应用图层混合模式中的"亮光",最终效果如右图所示。

16 线性光

"线性光"模式通过增强或减弱亮度来改变颜色的深浅,可以使很多区域产生黑、白色,相当于"线性减淡"或"线性加深"。

01 将"图层2"放到"图层1"的上方。左边为"图层2",右边为"图层1"。

02 选中"图层2",应用图层混合模式中的"线性光",最终效果如右图所示。

17 点光

在"点光"模式下,在当前图层的亮度高于50%的灰度时,暗部的像素会被取代;当低于50%的灰度时,亮部的像素会被取代。

01 将"图层2"放到"图层1"的上方。左边为"图层2",右边为"图层1"。

02 选中"图层2",应用图层混合模式中的"点光",最终效果如右图所示。

18 实色混合

"实色混合"模式可以提高颜色的饱和度,使图像产生色调分离的效果。

01 将"图层2"放到"图层1"的上方。左边为"图层2",右边为"图层1"。

02 选中"图层2",应用图层混合模式中的"实色混合"模式,得到的最终效果如右图所示。

19 差值

"差值"模式会使混合色中的白色产生反相,使黑色接近下层图像的颜色,原理是从上层颜色中减去混合色。

01 将"图层2"放到"图层1"的上方。左边为"图层2",右边为"图层1"。

02 选中"图层2",应用图层混合模式中的"差值"模式,得到的最终效果如右图所示。

20 排除

"排除"模式与"差值"模式的效果相似,但"排除"模式的效果更柔和。

01 将"图层2"放到"图层1"的上方。左边为"图层2",右边为"图层1"。

02 选中"图层2",应用图层混合模式中的"排除"模式,得到的最终效果如右图所示。

21 减去

在"减去"模式下，若混合色与上层图像的颜色相同，则结果色为黑色；混合色为白色，则结果色为黑色；混合色为黑色，则结果色为上层图像的颜色。

01 将"图层2"放到"图层1"的上方。左边为"图层2"，右边为"图层1"。

02 选中"图层2"，应用图层混合模式中的"减去"模式，得到的最终效果如右图所示。

22 划分

在"划分"模式下，若混合色与下层图像的颜色相同，则结果色为白色；混合色为白色，则结果色不变；混合色为黑色，则结果色则为白色。该模式的颜色对比十分强烈。

01 将"图层2"放到"图层1"的上方。左边为"图层2"，右边为"图层1"。

02 选中"图层2"，应用图层混合模式中的"划分"模式，得到的最终效果如右图所示。

23 色相

在"色相"模式下，将用混合色的色相替换下层图像的色相，饱和度和亮度不变。

01 将"图层2"放到"图层1"的上方。左边为"图层2"，右边为"图层1"。

02 选中"图层2"，应用图层混合模式中的"色相"，得到的最终效果如右图所示。

24 饱和度

在"饱和度"模式下，用混合色的饱和度替换下层图像颜色的饱和度，色相和亮度不变。

01 将"图层2"放到"图层1"的上方。左边为"图层2"，右边为"图层1"。

02 选中"图层2"，应用图层混合模式中的"饱和度"模式，得到的最终效果如右图所示。

25 颜色

在"颜色"模式下，用混合色的色相和饱和度替换下层图像颜色的色相和饱和度，亮度不变，常用于着色。

01 将"图层2"放到"图层1"的上方。左边为"图层2"，右边为"图层1"。

02 选中"图层2"，应用图层混合模式中的"颜色"模式，得到的最终效果如右图所示。

26 明度

在"明度"模式下，用上层图像颜色的明度替换下层图像颜色的明度，下层图像颜色的色相和饱和度不变。该模式只影响图片的明暗度，不对下层图像的颜色产生影响（黑色、白色和灰色除外）。

01 将"图层2"放到"图层1"的上方。左边为"图层2"，右边为"图层1"。

02 选中"图层2"，应用图层混合模式中的"明度"模式，得到的最终效果如右图所示。

图层混合的案例展示。

　　图层混合是合成中产生效果非常重要的一环，熟练运用和理解不同场景下的图层混合模式，可以使合成的图像达到预期的效果。

4.1.3 图像调色知识

Photoshop 软件可以用于处理商品图片亮度不够、偏色、色彩暗淡和主体不突出等问题，在设计海报和合成图像时也能使画面内容丰富、饱满。

首先了解一下 Photoshop 软件的调色功能。打开 Photoshop 软件新建一个画布后，执行"图像"菜单中的"调整"命令，或者在"图层"面板下方单击"创建新的填充或调整图层"按钮，会弹出相应的下拉菜单。

在众多的调色功能里，这里只介绍用红色进行标注的常用的调色功能。

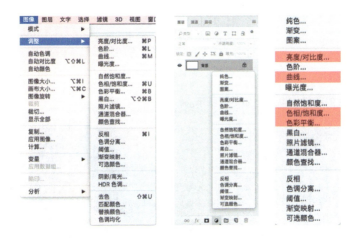

1 亮度 / 对比度

亮度调节是指将图片整体效果调亮或调暗，对比度调节是指按照图片的色彩层次进行逐步调整。该调色功能常用于调整整体色调偏灰和颜色不明显的图像。

01 在 Photoshop 软件中打开素材图片，原图片颜色暗淡且整体色调偏灰。

02 单击"图层"面板下方的"创建新的填充或调整图层"按钮,在弹出的下拉菜单中执行"亮度/对比度"命令。

03 增大"亮度"和"对比度"的参数值。

04 调整前后的图像效果对比如下图所示。

2 曲线

"曲线"是 Photoshop 软件中非常强大的调整工具，它兼具色阶、明度和饱和度等多个命令的功能，可以对图像的色调进行精准调整。

01 在 Photoshop 软件中打开素材图片，原图片颜色偏红，需要矫正。

02 单击"图层"面板下方的"创建新的填充或调整图层"按钮，在弹出的下拉菜单中执行"曲线"命令，如左下图所示。

03 在打开的面板中选择"红"通道，降低该通道的亮度。然后回到"RGB"通道，提升整体的亮度。

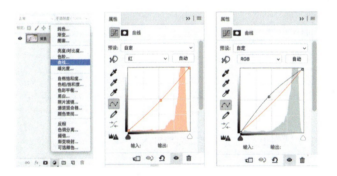

04 调整前后的图像效果对比如下图所示。

3 色相/饱和度

"色相/饱和度"命令对后期处理来说有着非凡的意义。针对有多种颜色的商品，通常在拍完一组商品后，其他颜色可以通过"色相/饱和度"命令调整色相得到。

01 在 Photoshop 软件中打开素材图片，下面需要将粉红色的外壳替换成紫色的。

02 单击"图层"面板下方的"创建新的填充或调整图层"按钮，在弹出的下拉菜单中执行"色相/饱和度"命令。

03 在打开的面板中单击 按钮，以便找与原图相对应的色相。

04 用出现的吸管在图片中单击需要改变的颜色，然后调节参数。

05 调整前后的图像效果对比如下图所示。

4 色彩平衡

调整图像的色彩平衡，可以矫正图像色偏、饱和度过高或过低的情况。也可以根据自己的喜好或具体需要，调整出具有个性或者风格的色彩，从而丰富画面效果。

01 在 Photoshop 软件中打开素材图片，如右图所示，将大海的颜色调得更蓝。

02 单击"图层"面板下方的"创建新的填充或调整图层"按钮，在弹出的下拉菜单中执行"色彩平衡"命令。

03 调节需要改变色彩的参数，如这张图需要加深大海的蓝色，就需要调节"青色"和"蓝色"两个选项的参数。

04 设置前景色为黑色，选择"画笔工具"，调节画笔的大小，擦出不需要调整的沙滩部分。

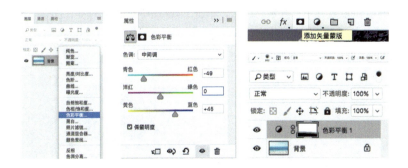

05 调整前后的图像效果对比如下图所示。

4.1.4 图像修补

在拍摄照片或使用素材时,需要对部分有遮挡或残缺的地方进行修补,以形成完整的图像。接下来介绍几种图像修补的方法。

1 内容识别填充

内容识别填充是一种非常便捷的图像修复方法,Photoshop 软件会根据用户选择区域周围的图像对选区进行识别填充。下图所示是修补前后的对比效果。

01 在 Photoshop 软件中打开素材图片,单击工具箱中的"矩形选框工具",框选出需要修复的区域。

02 按 Delete 键,弹出"填充"对话框,此时默认为"内容识别"。

03 单击"确定"按钮,确认填充。按 Ctrl+D 快捷键取消选区,得到最终效果,如右下图所示。如果部分区域没有修复干净,可以重复前面的操作,完成二次修复。

2 污点修复画笔工具

"污点修复画笔工具" 可以修复水印或画面中的污点，Photoshop软件会自动识别水印或污点旁边的颜色进行填充。下图所示为修复前后的对比。

01 在Photoshop软件中打开素材图片，选择工具箱中的"污点修复画笔工具"。

02 按中括号"["、"]"调整画笔大小。在需要修复的地方按住鼠标左键并拖曳即可进行修复。

03 最终效果如下图所示。

3 仿制图章工具

"仿制图章工具" ▲ 是常用的图像修复工具，可去除水印、修复照片。下图所示为修复前后的对比图。

01 在 Photoshop 软件中打开素材图片，选择工具箱中的"仿制图章工具"。

02 按住 Alt 键，在需要去除的图像周围单击取样，取样后在需要去除的图像上按住鼠标左键并拖曳。

03 修复后的效果如下图所示。

4 综合使用修复工具及曲线

综合使用修复工具及曲线处理图片，可以修复物体或人脸上的瑕疵，得到美化磨皮的效果。下图所示为修复前后的对比图。

01 在 Photoshop 软件中打开素材图片，选择工具箱中的"污点修复画笔工具"来去除人物脸部的痘印和斑点。

02 在需要修复的皮肤上按住鼠标左键并拖曳。

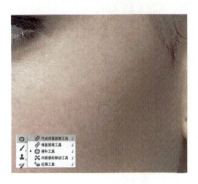 

> **技巧与提示**
>
> 修复工具的选择是根据具体场景或图像来决定的。

03 单击"图层"面板下方的"创建新的填充或调整图层"按钮，在弹出的下拉菜单中执行"曲线"命令，在"属性"面板中调节参数，将人物整体提亮。

04 调整后的图像效果如下图所示。

4.2 光影知识

光是一切画面表现的基础,影是随之产生的必要元素,只要有光就会有阴影。如果图像缺少光影,那必然会不够真实和自然。下图所示为同一图片不同光影效果的对比图。接下来介绍在合成中阴影的表现方法和绘制光源的技巧。

光和影是对立的关系,在寻找图片中阴影的角度和位置时,可以简单地理解为寻找光的对立面。

光源在右边,与之对应的阴影就应该在左边。

光源在左边,与之对应的阴影就应该在右边。

光线越强,阴影面积越大,阴影的颜色也越深,物体的立体感越强。

4.2.1 阴影表现

物体与物体、物体与地面接触时，都会产生阴影，而阴影又分为硬阴影、软阴影和投影。

1 硬阴影

硬阴影是指物体与地面或者其他物体接触后产生的比较实的阴影，其特点是接触面的阴影比较重，物体看起来是与地面或其他物体实际接触的，不会有飘浮感。下图所示是增加硬阴影的前后对比效果。

01 在Photoshop软件中打开素材图片，发现产品看起来像飘浮在空中，需要绘制硬阴影，让物体产生与地面接触的感觉。

02 新建图层，选择工具箱中的"画笔工具"，并调整画笔的大小和不透明度。

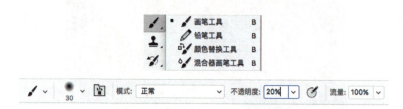

03 在接触面衔接处按住鼠标左键并拖曳,刷出黑色阴影。

> **技巧与提示**
>
> 刷阴影的时候可以按"["和"]"键来调整画笔大小。调整画笔的"不透明度"等属性可让效果更逼真。

04 单击"图层"面板下方的"添加矢量蒙版"按钮,为阴影图层添加蒙版。设置前景色为黑色,使用"画笔工具"在蒙版中擦除一些阴影,使阴影过渡自然。

05 最终完成的效果如下图所示。

147

2 软阴影

软阴影指的是物体与地面或其他物体接触或靠近时,阴影大小会随着物体的远近而改变,软阴影能够提高场景的真实感。下图所示为应用软阴影前后的对比效果。

01 在 Photoshop 中打开素材图片,发现人物与场景的结合看起来很不自然,不符合自然光影的规律。找到光源的对立面,然后绘制人物脚下的阴影。

02 新建一个图层,选择工具箱中的"画笔工具",调整画笔的大小和不透明度。

03 在人物的脚与地面接触的位置附近，按住鼠标左键并拖曳，刷出黑色阴影。软阴影的不透明度是渐隐的，离主体越远，阴影越透明。

04 单击"图层"面板下方的"添加矢量蒙版"按钮，为阴影图层添加蒙版。设置前景色为黑色，使用"画笔工具"在蒙版中擦除一些阴影，使阴影过渡自然。

05 最终完成的效果如下图所示。

3 投影

投影是指绘制的物体在画面中呈现的倒影，能够体现出物体的质感和档次。投影一般在玻璃或者硬性可反光的材质上使用得较多。下图所示为使用投影前后的对比效果。

01 在Photoshop软件中打开素材图片，按Ctrl+J快捷键复制产品后，按Ctrl+Shift+T快捷键得到选区。

02 单击鼠标右键，在弹出的下拉菜单中执行"垂直翻转"命令。将翻转后的产品移动到原产品的下方。

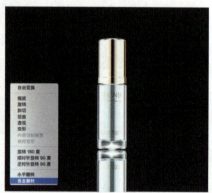

03 选中倒影图层，单击"图层"面板下方的"添加矢量蒙版"按钮，为倒影图层添加蒙版。选择工具箱中的"渐变工具"，在"渐变编辑器"中选择由黑到白的渐变。

04 按住鼠标左键，由下往上进行拖曳，最终得到一个渐隐的倒影效果，如下图所示。

4.2.2 光照绘制

光照绘制在合成中除了能加强画面真实感外，还能营造画面所需的氛围。绘制时需要使用"画笔工具"和图层混合模式来让光照融入画面中。

01 在 Photoshop 软件中打开素材图片。添加煤油灯的光照效果，营造画面的氛围，加强画面的真实性。

02 选择工具箱中的"画笔工具"，并设置前景色为偏黄的灯光色。

03 选用硬度较小的笔刷，将"不透明度"值调小。

04 在煤油灯上刷出灯光效果。

05 为了让灯光照射效果更加真实，将前景色切换为白色，并在灯芯的部位刷出白色，表示灯芯。

06 使用笔刷在煤油灯附近刷出黄色，并应用"叠加"模式，使画面更自然。

> **技巧与提示**
>
> 越靠近煤油灯的地方，光照强度越高，反之光照强度越低。

07 完成后的光照效果如下图所示。任何发光的物体都必然会有照射区域、照射范围和光影反射，而这些都是合成效果需要具备的元素。

4.3 透视知识

透视的目的是让物体和场景能够更好地实现正常比例的融合，画面更具真实感。在合成中经常会遇到物体或场景放在一起后让人感到很奇怪的现象，原因则是层次、远近关系或大小比例不对，这些基本上都是透视出现了问题。

透视的核心就是近大远小、近宽远窄、近实远虚。在表现透视关系时，首先要找到视平线，它是一条经过消失点的线，视平线与观察画面的眼睛平行。因为画面里面有且只有一条视平线，所以可以依靠视平线和消失点来找到适合的角度和位置放置物体。

01 在 Photoshop 软件中打开素材图片，先画出水平的视平线，再找出画面中大小对比最强烈的地方，也就是透视关系最强的地方，再绘制一组相交的线条，得到消失点。

02 遵循近大远小的规律，将汽车（或其他素材）放入相交的线条内，这样可使汽车素材与场景很好地融合在一起。效果如右下图所示。

错误示范：如果汽车所在区域的相交线不能与视平线交于一点，则说明汽车的透视角度和放置的位置不对。

除了可以利用视平线外，还可以利用增加透视空间的方法来处理透视关系，如近处做清晰处理，远处做模糊处理。下图中以凸显船与远山之间的距离来形成比较大的空间场景，以便突出中间的孔明灯和宁静的场景氛围。

熟练使用透视技巧可以让画面具有穿透力，从而可打造出具有视觉冲击力的电商海报。

图像合成是电商设计师必须了解的一项重要技能，通过学习图像合成技巧，可以有效地解决设计思路闭塞的问题，实现一些令人惊艳的效果。

第 5 章
电商设计实战演练

5.1 店招设计

5.2 Banner 设计

5.3 首页设计

5.4 主图与直通车图设计

5.5 详情页设计

5.1 店招设计

5.1.1 店招的概念

店招的设计尺寸为 1920 像素 ×150 像素，但实际使用的尺寸为 990 像素 ×150 像素（天猫尺寸）或 950 像素 ×150 像素（淘宝集市尺寸）。店招面积虽小，却至关重要。从内容上来说，店招中有店铺名称或 Logo、店铺标语、收藏与关注按钮、促销产品和优惠券等，而下面的导航条是用来展现产品分类导航信息的。店招其实就是一个缩小版的店铺介绍和促销信息展示区域。

店招中展现的信息和优惠内容，不仅能够让消费者快速了解店铺活动和产品，还能够增强消费者黏性。

5.1.2 店招的设计

一般来说，店招的设计与品牌本身的定位有直接关系。价位高、知名度高的品牌的店招，会弱化店铺活动和促销信息等内容，内容和颜色都非常简洁，给人干净舒服的感觉，并且店招上、下区域会融合在一起，在色彩上也会使用统一的色系。

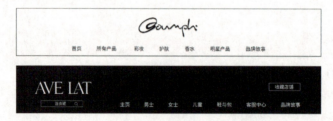

如果想要展现品牌的大众化，提高消费者的下单率，就需要在店招上展示促销信息、或优惠券等，并且在色彩上也应做一些撞色来吸引消费者的注意。

若遇到官方促销活动或大型节日等，需针对主题改变店招的展示内容和设计风格，让消费者感受到促销或节日的氛围，从而激发消费者的购买欲。

5.1.3 综合案例——店招设计实操

店招的设计表面看上去比较简单，但其实非常考验设计师对版式和色彩搭配的把控能力。接下来以某店铺的店招为例来进行实操演示，左下图所示为最终效果图。

01 新建一个空白文档，将宽度设置为 990 像素，高度设置为 150 像素。

02 根据品牌和产品定位选用比较文艺淡雅的背景纹理，并将其放置到画布中，以凸显低调素雅的高级感，以及产品的价值。

03 将店铺 Logo、产品信息等内容放到画布里，配合参考线对文字进行排版，注意文字段的间距，调节文字的字号和字体。

04 在画布的右侧展示促销产品，并且设计收藏按钮。

05 为了突出促销产品，提高点击率，选择工具箱中的"矩形工具"，绘制一个跟Logo颜色一样的矩形色块，做成按钮形状，在其上添加文字"立即抢购"。

06 用与上一步类似的方法突出显示收藏店铺的内容。选择工具箱中的"椭圆工具"，绘制一个黑色圆框并与"藏"字结合，突出收藏信息。

技巧与提示
店招的布局也需要根据内容的主次进行设计，如果"藏"也做成红色的，则会让消费者无法分辨信息的主次，导致喧宾夺主。

07 最终效果如下图所示。对面积越小的元素进行设计，越要注意细节。

5.2 Banner 设计

5.2.1 首屏海报

　　首屏海报是店铺首页中面积最大的区域，是商家向消费者展示店铺产品和形象的一种海报。一个好的首屏海报能够让消费者了解店铺的产品和品牌风格，在视觉上起到极佳的聚焦作用，具有吸引力。

　　首屏海报一般分为两种：主题类活动海报和主推产品海报。

　　主题类活动海报的建议尺寸为宽1920像素，高700~800像素。首屏海报的宽度和高度占比越大，海报内容就显得越隆重，非常适合在节日或各大活动中使用。其弊端就是占用版面过多，会降低消费者浏览首页中其他内容的概率。

主题类活动海报以促销信息为卖点营造活动氛围，刺激消费者的购买欲。在进行这类海报的设计时，要达到紧张、刺激和促进消费的目的。

主推产品海报的建议尺寸为宽 1920 像素，高 500~600 像素。这类首屏海报比较适合展示主推产品的卖点和性能，弊端是缺乏隆重的氛围。

主推产品海报的设计目的是突出产品卖点和产品属性。在设计这类海报时，需要达到主题、卖点和场景相融合的效果。

首屏海报的设计主要包括背景、产品、文案、颜色和版式构图等，在进行设计时需要产品和主题互相匹配。

1 背景的选用

场景性背景具备较好的代入感，便于营造场景氛围。

图形和色彩背景具有丰富画面色彩，提升风格调性，营造活动气氛的作用。

在使用和设计背景时要考虑海报本身的活动主题、产品风格定位和色调搭配等因素。例如，在进行"双11来了"和"母亲节"活动海报设计时，需要根据活动主题设计出符合主题的背景。

2 产品风格定位

首屏海报的设计风格可以根据产品风格或店铺风格来进行定位，如男装和女装等不同风格的产品，在设计背景时会有较大的差异。男装通常给大众硬朗和冷酷的感受，所以在产品定位上可以与深色系相结合，如左下图所示。当然不同年龄段和不同风格的男装也会有所差异，如潮流的款式和休闲的款式等会选用不一样的背景和色调。

女装有成熟、可爱、淑女和性感等设计风格。右下图所示的风格偏清新活泼。

3 文案排版

对于文案，设计师应根据产品属性或主题使用合适的字体，梳理文案的主次关系，利用文字对比手法进行排版设计。

下图所示的问题是字体与主题风格不匹配，应使用偏圆润或可爱的字体，以符合宝宝的定位；主题和利益点没有对比和突出，文案整体显得苍白无力，没有重点。

经过修改优化后，圆润的字体符合主题风格，将文字内容用渐变色块进行分组，可突出利益点，提升画面的可看性。

下图所示的案例中，文案比较多，但排版不当导致其利益点不够突出，主题不明确，层次不够清晰。

经过修改优化后，重新设计的字体和与口红相似的色彩，与左侧的产品风格形成了统一。

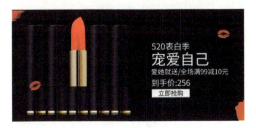 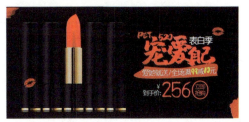

4 颜色搭配

每种颜色都能表达不同的情绪和风格。例如，红色会给人热血、激情的感觉，可以刺激消费者的购物欲望，并且会让消费者感受到活动的气氛，如左下图所示。在设计海报时，需要观察其主题是否有这种需求。

绿色会给人心旷神怡和健康安全的感受，经常被用在设计家居产品海报中，如右下图所示。在进行设计时要注意文字、产品和背景色调的统一性。

5 版式构图

使用有变化的构图方式，不仅可以提升画面的丰富性和灵动性，还能保证阅读的节奏感和律动感。横屏海报在构图方式上大致分为下列几种。

最常用的构图方式就是左图右文或左文右图，这类构图方式让画面左右两侧的内容得到了平衡，便于突出产品，符合人们的阅读习惯，如下图所示。

在设计活动主题海报或推广产品的海报时，会用到对称和居中的构图方式。这种构图方式比较正式，使画面有聚焦感。

铺满画面的构图方式会让画面显得非常饱满，有热闹的氛围，同时还可以融合其他构图。

6 视觉层次

视觉层次是指将文字、内容、素材和背景通过版式结构组合产生的次序关系，使信息和主题能够清晰表达出来，突出利益点，并且展现出整个画面的氛围感。

左下图所示的案例中，文字、背景和元素混合在一起，画面显得过于凌乱，并且素材的风格不够统一，无法清晰传达出主要信息。

右下图所示的案例中，文字与背景被很清晰地分隔开，产品卖点和文案信息清晰明确地表达了出来，在观感上更舒适，更有代入感。

5.2.2 综合案例——首屏海报设计实操

首屏海报对商家来说非常重要,它不仅是展示产品或活动的主要载体,更是店铺品牌形象的体现。接下来进行案例实操演练,讲解首屏海报的设计方法。

这次的案例为女包新品发布海报。首先分析产品定位,确认风格和色调,以免和店铺的整体风格或产品特性产生差异。产品和模特如左下图所示,其风格偏成熟,在设计海报时选用的色彩需要偏成熟风。

01 打开 Photoshop 软件,新建一个尺寸为 1920 像素 ×700 像素的画布。使用工具箱中的"矩形工具"绘制矩形,双击该图层,在打开的"图层样式"对话框中勾选"渐变叠加"复选框,设置相应参数,填充矩形。

02 继续绘制矩形,同样应用"渐变叠加"样式填充矩形,按快捷键 Ctrl+T,选择"斜切"功能,将矩形变形,使其具有立体感,效果如下图所示。

03 用同样的方式绘制其他区域色块,形成立体空间,把右边的矩形填充为蓝色。

04 在背景上添加英文作为辅助元素,并将其"不透明度"降低至40%。

05 将模特和产品放入画布中,发现人物的颜色偏黄,并且色调与背景不太统一。

06 在"图层"面板下方单击"创建新的填充或调整图层"按钮,依次打开"色相/饱和度""曲线""色彩平衡"面板,调整各项参数。

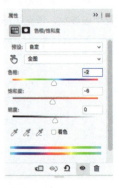

07 对比调色前后的效果,如下图所示。

08 将女包放在左侧背景中,如左下图所示。下面绘制包与接触面的阴影,使效果更加真实。

09 选择工具箱中的"画笔工具",调整画笔大小和笔刷的"不透明度",在包与墙面的接触区域绘制阴影。

10 增加了包与接触面的阴影后,包与背景的融合显得更加真实。

11 使用"画笔工具"在左侧刷出一道黄色的光束照射到女包上,并将光束图层的"不透明度"调整为40%,提升女包和偏暗的背景的光泽感。

12 在左侧空白区域添加文字并排版,对主体文字进行纹理处理,最终效果如下图所示。

5.2.3 Banner 表现形式

电商平台中各种展位的推广图与店铺首屏海报不同,它更具有针对性和引导点击的作用。淘宝首页的超大流量会对店铺的引流起到非常重要的作用,所以 Banner 的设计要更具有独特性,能起到宣传卖点和引导的作用。

设计 Banner 时通常会以简化背景、突出产品、放大利益点和色彩对比为基本表现形式。

1 简化背景

推广性的 Banner 不适合内容复杂或元素过多的画面。若将内容过多的 Banner 放到展位区,图片尺寸的限制会弱化主题的表达,降低消费者的关注度。

简化背景后,产品和文字都被清晰地展示了出来,能够清晰明了地让消费者知道卖的是什么,利益点是什么,产品是什么,放到展位区后既醒目,又不会被四周的颜色或图片干扰。

2 突出产品

想要利用推广图吸引消费者的眼球，只用普通的版式和设计方法是很难从众多推广图中脱颖而出的。左下图所示的案例中，其内容排版缺少能刺激消费者购买欲望的点和独特性，放在展位区后可以看到效果其实一般，并没有特别吸引人的地方。

放大产品特性或只展现产品的局部细节，不仅可以起到激发消费者了解产品的欲望，还能加强视觉的集中感，放到展位区也具有吸睛效果。

3 放大利益点

一些活动促销的推广 Banner 缺少核心利益点，无法激发消费者的购物欲望，并且没有促销活动的氛围感，如左下图所示。将其放到展位区后，除了"进口红酒"这个词以外，消费者很难被其他内容吸引。

将文案中的利益点提炼出来进行放大，以利益点为展示核心，能引导消费者点击并了解详情，如下图所示。将其放入展位区后，能够让消费者清晰地看到店铺产品和优惠力度。

4 色彩对比

色彩是决定画面吸引力的重要因素之一，如果对 Banner 的点击率比较低，可能是因为其色彩不够突出，缺乏吸引力，如下图所示。

可以使用第 2 章讲解的色彩搭配技巧来提高画面的色彩对比度，如下图所示。

5.2.4 综合案例——Banner 海报设计实操

这次的案例为设计生鲜类产品的 Banner 海报。

01 打开 Photoshop 软件，新建一个尺寸为 520 像素 ×280 像素的画布。本案例使用对称平衡的构图方法，在画面中心创建参考线。

02 新建一个图层并填充任意背景色后，双击图层，在"图层样式"对话框中勾选"渐变叠加"复选框，选择渐变的颜色并设置渐变的方向。

03 将水果素材依次放到画面四周，并且在画面的底部做出支撑版面的效果。在放置时注意不要让画面显得凌乱。

04 将文字内容排列到画面中心，需要注意主题与利益点的比例关系。

05 选择工具箱中的"圆角矩形工具"，绘制一个圆角矩形并将其置在文字图层的下层，为其应用"图层样式"对话框中的"渐变叠加"样式，用来凸显利益点，如左下图所示。

06 为了让文字在画面中具有焦点性，双击文字图层，在打开的"图层样式"对话框中勾选"投影"和"渐变叠加"复选框，调整各项参数，如右下图所示。

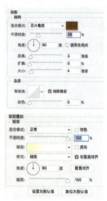

07 修改前后的对比效果如下图所示。

08 其他文字也用相同的方法进行设置，得到的效果如右下图所示。

09 Banner 的整体效果如左下图所示。把 Banner 放在展位区后，能很清晰地看出产品和利益点，在色彩上也能与周围色彩区分开，还能有效吸引消费者的注意力，如右下图所示。

5.3 首页设计

在电商平台，首页是一个品牌形象的展现，也是一个增加销售渠道的窗口。首页应该具备展示品牌形象、活动促销信息、产品和增加消费者黏性的功能。

5.3.1 页面设计框架

首页页面宽度为固定的 1920 像素，高度可根据布局框架和产品展示需要进行调整，没有尺寸限制，建议不要过高，否则会影响消费者的浏览体验。

首页的设计可以分成店招导航区、全屏海报区、优惠券或活动奖品区、主推热销产品展示区、次推产品展示区和页尾区。

通过对页面布局的拆分，可以得到以下的设计区域。

首页海报区域。

优惠券或促销区域。

产品分类展示区域。

主推、次推产品展示区域。

页尾展示区域。

以上就是首页需要具备的一些基本区域。想要设计出一个具有设计感的首页，需要先确定框架。框架是创意的基础，不同的框架能展现出不一样的活动主题和风格，得到不一样的展现效果，如下图所示。

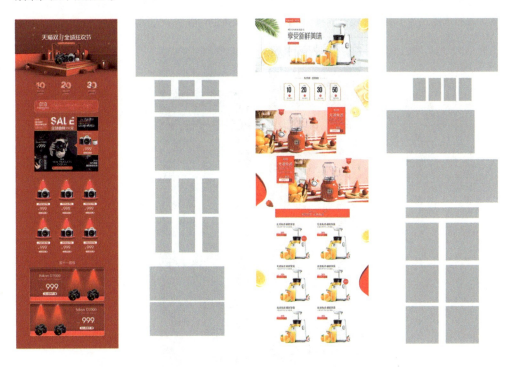

首页的布局可以根据消费者的浏览习惯进行设计,下面来看几组常用的构图。

1 瀑布流竖式构图

这种布局设置适合消费者一扫而过的快速阅读模式,可让消费者在短时间内看到大量的信息。瀑布流竖式的布局能在较低的操作成本下获得较多的内容展示空间。

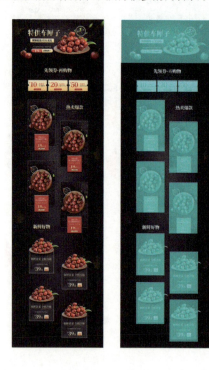

2 S形曲线构图

S形曲线构图能够增加浏览时的趣味感，不会让消费者产生视觉疲劳，竖式的S形构图还可以提升画面的纵深感和空间感。

3 横向构图

横向构图符合消费者的浏览习惯，能够有效体现产品细节及相关的内容信息。

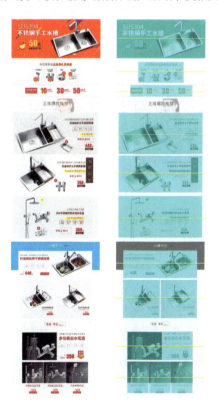

5.3.2 活动页面设计

"双11"和"双12"是整个电商行业里较大型的活动,所以很多商家会将首页设计得非常具有活动的促销感,以此来提高点击率。活动页面大致分成3块大区域,用来体现活动力度、卖点和产品。

在活动页面中海报被主题氛围展示区代替,让消费者一进页面就能立马感受到活动的气氛。为了体现出活动内容的紧凑与一致性,一般会将海报与整个页面背景融合成一体。

优惠券区是吸引消费者购买和提高消费者点击率的重要区域,有的商家还会设置限时领取奖品的活动。该区域一般被放置在活动页面中除海报外最醒目的地方。

活动区会将最热销的或优惠力度最大的产品以框架形式呈现出来,以吸引消费者,一般会以横向的布局方式进行平铺式构图。

在整个页面布局中,为了提升浏览体验可以降低框架的变化性;可以使用饱和度相对比较高的色彩进行撞色搭配,使画面更鲜明,从而刺激消费者的购物欲望;还可以放置一些图形元素来提升画面的动感。

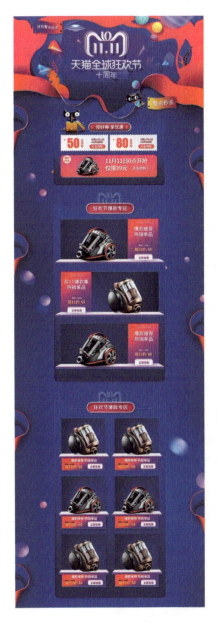

虽然现在大部分流量正从 PC 端转移到移动端,但是首页代表着品牌的形象,也是活动促销信息展示的主要区域,所以设计师应设计出美观、有焦点的首页。

5.4 主图与直通车图设计

5.4.1 主图设计

产品主图是产品在搜索页面左侧显示的5张大图。在淘宝搜索页面中,默认展现主图的第1张(天猫搜索页面中默认展现主图的第2张)。产品主图的作用是吸引消费者点击进入详情页,了解产品详情并进行购买。

主图是吸引消费者点击产品的关键。消费者通过搜索关键词,如吸尘器、连衣裙等,得到相关产品的搜索结果,这时候产品的主图可以吸引消费者的眼球,简单来说主图的好坏决定了点击率和流量的高低。如何让自己的产品主图在众多搜索图中脱颖而出,也是衡量电商设计师能力的标准之一。

产品主图一共有5张,尺寸大小为800像素×800像素。在搜索页面中,产品的第1张主图默认显示为产品在列表中的封面,如下图所示。

一般来说，5张主图要把产品最重要的卖点、促销信息和优势功能展现出来，第1、2张为主导图，起着展示利益点信息的作用；第3、4张一般为产品细节或产品功能展示图；第5张一般为产品展示图，如下图所示。

1 提高主图点击率

提高主图点击率带来的第1个直观收益是流量的增加，第2个直观收益是访客成本降低，投产比提高。而一般高点击率主图有3种展示类型，如下图所示。

产品展示：这一类型的重心是展示产品，通过拍摄创意性的图片来吸引消费者点击。

产品＋文案：用产品图片加卖点文案来吸引消费者点击。

产品＋文案＋营销：用背景、颜色和产品做出创意图像，再结合营销文案来吸引消费者点击。

提高点击率的方法有很多，我们需要明白不同产品的优化方法是不同的，下面介绍一些常用的优化方法。

反向对比

主图能否在众多搜索结果中被点击的关键在于图片的视觉效果是否能吸引消费者的眼球，而能不能吸引消费者的眼球，主要在于自己产品的主图是否能区别于同行竞品。

案例1：当所有的粽子主图的元素、内容都很多时，相对清晰、简单、干净的内容和背景就会显得很突出。

卖点提炼

一张点击率高的图片，必定会凸显产品的卖点。提炼卖点时应尽量做到精简、突出、夸张和有创意。

案例2：这是一款按摩枕，消费者买按摩枕的目的是想得到舒服、放松的感受，如果只展示产品及其功能，可能无法让消费者产生代入性的体验感，而如果展示出人物按摩时的图像就能达到突出卖点、吸引消费者点击购买的目的。

文案提炼

对产品和市场进行充分的分析，收集消费者需求和购买后的评价，找到消费者最想了解的产品特性，并将其精简成文字作为卖点。

案例3：这是一款手机壳，从图中能够发现很多商家都将消费者的一些需求提炼成文字，放在主图中并突出显示，以此来吸引消费者。

色彩运用

很多图片看起来角度或产品不是很好看，但是点击率非常高，在很大程度上是因为其背景使用的色彩比较抢眼。在主图里用大面积对比色做出强烈的颜色反差，如紫色和黄色、红色和绿色、蓝色和红色等，能起到提高点击率的作用。

案例4：这是一款防雾霾口罩，色彩鲜明的背景能够让产品图片更加抢眼，让消费者不自觉地将视线移动在对应产品主图上。

图片优化技巧：功能类的产品应围绕核心卖点展示；服饰类的产品需突出产品或模特展示图；材质类的产品需突出放大细节。此外，产品配色需与周边环境形成差异。

文案技巧：直击痛点，消费者关心什么就表现什么；提炼简单易懂的简短文字，文字需要表现出产品的优势。

2 案例讲解

以吹风机产品为例，该产品属于功能类产品，通过搜索关键词，对比同类产品的图片，找到可进行差异化表现的点，并且提炼产品的卖点，通过文案吸引消费者。

卖点分析：消费者购买时的关注点在于吹风机的功率，是否伤发和使用后头发是否枯燥等。

设计分析：搜索发现页面里颜色鲜亮的图片比较少，可以设计色彩鲜明的背景做对比。

01 打开Photoshop软件，新建一个尺寸为800像素×800像素的画布，将吹风机产品放到画布中。新建一个图层，在左侧工具栏箱中选择"渐变工具"来填充背景。

02 在"渐变编辑器"中选择深玫红色和玫红色作为渐变背景色,与产品颜色呼应。

03 在"渐变编辑器"中选择黄色和橙色作为渐变背景色,与玫红色互补,调整好两个颜色的比例关系和方向位置。

04 选择左侧工具箱中的"圆角矩形工具",在画面左上方绘制一个圆角矩形,并填充玫红色的渐变。

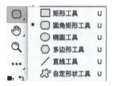

05 将文案放入圆角矩形中,然后绘制3个圆角矩形,将功能性卖点文案放入新的圆角矩形里,加入主题文字并设置其格式。采用左侧对齐的方式排版,最终效果如右图所示。

将做好的主图放入搜索页面中与其他产品主图进行对比,看是否具有反差和鲜明的视觉效果,如右图所示。与周边产品图片对比,可以发现该主图在色彩上有明显的亮点展现优势。

5.4.2 直通车图设计

直通车是淘宝的一种推广工具，消费者通过点击在推广位展示的图片，进入指定商家的产品详情页或店铺页面。直通车产品图的设计尺寸为 800 像素 ×800 像素，与主图的尺寸一样，店铺图的设计尺寸为 210 像素 ×315 像素。大部分商家会将直通车图链接到产品详情页中，以此达到高效的成交转化效果。

目前在搜索页面上直通车图的展示位置有 3 个，分别是搜索列表右侧、列表底部和搜索页面下第 1 张产品图片。

1 提高点击率

主图主要用于展示产品，以产品为主，创意和设计为辅。与主图不同的是，直通车图的目的是付费推广。为了更好地展示产品和提升点击效果，商家会做一些具有创新性的设计或选用一些新颖的文案来吸引消费者，有很多商家用一张直通车图就为店铺带来了一年几百万的销量。下面介绍 5 种可提高点击率的直通车图设计方法。

功能质感

将直通车图中的产品或背景做出具有光效的科技质感，凸显产品的功能效果，这种方法适用于偏男性的产品。

夸张文案

提炼产品的卖点和消费者的需求,将其转化成一些精辟的网络热词或能吸引眼球的文案。

创意合成

使用夸张、对比和隐喻手法突出产品的卖点,用创意图片给消费者留下深刻印象。

颜色对比

通过鲜明的颜色对比吸引消费者的眼球,好的颜色对比可以弱化产品本身样式的同质化或造型上的不足。

卖点放大

将卖点精简并且放大,大到铺满整个画面,以此来获得消费者的关注。这种设计方法虽会弱化产品本身,但能起到较好的引流作用。

2 案例讲解

01 打开 Photoshop 软件，新建一个尺寸为 800 像素 ×800 像素的画布。在"拾色器"中选择深褐色并填充到背景中。

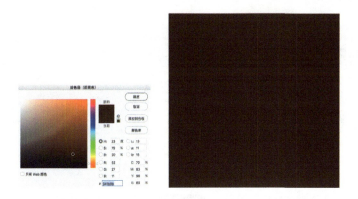

02 设置前景色为黄色，在工具箱中选择"矩形工具"，在下方绘制矩形，并调整好两个颜色的搭配比例。选择工具箱中的"画笔工具"，在"拾色器"里选择偏淡一些的颜色，并将画笔的"不透明度"降低至 45% 或更低。

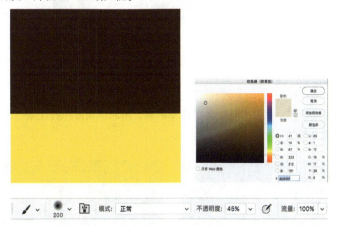

03 在深褐色和黄色的交界处进行绘制，并且不断增加该处的亮度，以此提升背景的质感。

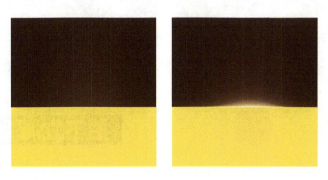

04 将核桃产品放在画布中心,并将一些核桃碎片散布在产品四周,表现出核桃饱满诱人的爆裂效果。

05 单击"图层"面板下方的"创建新的填充或调整图层"按钮,调整核桃的"曲线"和"色相/饱和度"等参数。

06 添加吸引人眼球的文案,并且对文字应用渐变效果。选中文字图层,在按住Ctrl键的同时单击图层缩览图,得到选区,在"编辑"菜单中执行"描边"命令,调节各项参数。

07 为文字添加投影,提升文字主体的光泽质感。将利益点或一些优惠信息放到画布中,得到直通车图的最终效果。

08 将做好的直通车图放到搜索列表中的直通车推广区域，与其他直通车图作对比。通过对比，可以发现该图不管是在颜色上，还是在文案的表现上都能从众多直通车图中脱颖而出，吸引消费者的眼球。

设计时，需针对不同的产品运用不同的表现手法，但一定要记住，不要选择过于复杂的场景作背景，最好以纯色或不会抢风头的实景为主，这样才能凸显文案、产品和创意的表达。

5.5 详情页设计

在电商设计中，详情页能够全方位展示产品，是促进交易至关重要的一个环节。如果说主图是吸引消费者点击的入口，那详情页就是展现产品竞争力的内容端。详情页分为 PC 端和移动端两种，这两种详情页的设计方法和展示出的效果截然不同。

5.5.1 框架结构

目前 PC 端详情页的设计尺寸宽度为淘宝 750 像素，天猫 790 像素，高度不限。移动端设计尺寸宽度为 750 像素，高度不限。常规的详情页框架结构如右图所示。虽然不同行业的详情页表现手法不同，但详情页的大体框架类似。

在详情页的框架中，每个框架都需要针对产品进行拆分介绍，整理出思维逻辑，才能更好地表达产品的特性，满足消费者的需求。

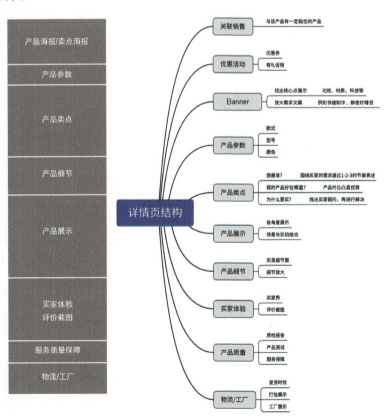

5.5.2 设计形式

详情页分为 PC 端和移动端两种,消费者在浏览这两种详情页时浏览的轨迹和心理会有所不同。消费者在浏览 PC 端的详情页时,是通过滑动鼠标滚轮往下一层一层以 F 形态的轨迹阅读浏览的。在这种方式下,消费者更重视画面的结构、可阅读性和体验感。设计师除了要展示出产品的详细信息,还要注重版式结构、文字和色彩等的细节处理。

移动端的消费者是通过滑动屏幕进行浏览的,竖屏滑动过程中,消费者的浏览轨迹是垂直的,在这种模式下,消费者容易忽略文字和部分细节展示的内容。在进行设计时,设计师需要放大产品或做出颜色对比,掌握好每屏的表现效果。

在进行竖屏设计时，分屏制作有利于传递信息和展现视觉效果，这也是电商详情页设计中最常用的形式之一。这样做有利于兼顾移动端，提升视觉流畅感，提高信息传达率。如果将开心果产品的 PC 端详情页放到手机端，如右边的左图所示，可以发现在移动端进行浏览时，会很容易跳过内容和细节，并且手机框架的局限性让产品较难聚集消费者的视线。将其修改为手机端的垂直构图方法后，能够很明显地看出产品的表现得到了很大的提升。

传统的电商详情页设计是基于 PC 端的，无法兼顾移动端，在视觉流畅感和信息传达方面都有很大的缺陷，而采用垂直化的分屏形式能够很好地兼顾移动端，降低消费者浏览时的跳失率。

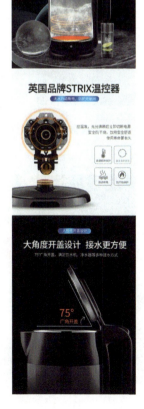

善用图形与数字。当画面中出现数字或一些文字内容段与主题搭配时，放大一些数字能引起消费者的注意；使用图形也能够起到很好的装饰和凸显作用，增强画面的设计感。

文案需要贴合产品和主题，并且最好与配图分成两块，既不影响配图的内容展现，又能清晰地将文案信息表述出来。

分块与分块之间使用对比分明的配色进行过渡，让视觉上有轻重之分，这样能形成很好的视觉节奏关系。对比下面的案例，左图中使用了同种颜色的背景，虽然能让整体看起来一致，但是同色系的背景和产品会让消费者感到视觉疲劳，注意力易分散，并且缺少能让消费者视线停留的亮点；右图通过颜色分割，有效地让内容具有轻重之分，提升了画面的可看性。

 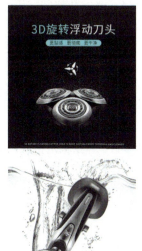

不管是针对 PC 端还是移动端，详情页的文案都不宜过多，排版方式也不宜表现复杂，要以展现产品和卖点为主，不要影响阅读的流畅度，整体画面要干净，表达要直白，适合快速浏览。

无论是什么样的设计形式，都要以符合产品特性和消费者需求为前提，这样才能将文案和图片等转化成真正有价值的设计作品。

5.5.3 详情页设计案例分析

要想做出一个优质的详情页,设计师需要通过分析产品、市场、定位人群和竞争产品,定位出消费者最关心的卖点。如何挖掘产品卖点是详情页设计的关键,很多设计师会误认为详情页的卖点就是将产品自身卖点展现出来,如功效、材质和工艺等。但需要明白,产品是卖给消费者的,展现的卖点应该是消费者关心的点。

接下来通过床垫产品的案例来讲解如何挖掘卖点。

- 梳理产品的卖点,并挖掘消费者诉求,将其转化为核心主题,围绕这个主题合理放大产品卖点。

- 详情页的前 1~4 屏决定了消费者的浏览深度和详情页的转化率,所以至关重要。这里采用分屏的设计方式,有利于消费者阅读,每屏的高度均为 1000 像素。

- 详情页的展示顺序应该与常规逻辑思维相反,即先给予结果再抛出问题,之后开始不断介绍和说明卖点,如右图所示。很多设计师在设计详情页的时候都会犯一个错误,前几屏就一下展示出很多卖点,如功能、功效和工艺流程等。

- 分屏设计时,可以增强屏与屏之间的色彩对比,提升消费者在浏览时的阅读体验。在设计时要体现出核心主题,并且围绕这个主题放大细节。最终竖屏整体效果及在移动端上展示的效果如下图所示。

理解了详情页卖点的挖掘方法,就能很轻松地设计出转化率高,具有设计感的详情页。接下来对部分电商类目详情页设计的案例进行分析。

1 数码电器类详情页

数码电器类详情页在卖点上会主要突出产品的功能、功效和与同类产品的差异,在设计上会结合一些合成光效来吸引消费者的注意,结合场景化的背景来加强代入感,如下图所示。

2 服饰鞋帽类详情页

服饰鞋帽类详情页更注重对产品材质和款式的表现，其字体和内容应干净简洁，以凸显产品为主；在版式的构图上应结合有趣或多边形，让浏览的方式多样化。

3 食品类详情页

食品类详情页比较同质化，在设计时需要搭配较多的元素让画面具有动感。在展示食品时，可以放大部分细节来刺激消费者的食欲。

详情页设计的几大误区如下。

- 用PC端的设计思维做详情页。因为设计师需要用计算机进行设计，所以容易沿用PC端的浏览思维进行设计。但当下电商行业中移动端用户占绝大部分，所以要以移动端的浏览和体验方式进行设计。

- 为了追求某种好看的效果而忽略了最基本的信息传达。详情页存在的意义在于向消费者展示产品，包括产品功能和亮点，以促成交易。

- 文案、产品和视觉效果不能做到一致或统一。例如，图片表现的是吹风机不伤头发，而文案却描述的是吹风机外形美观、典雅。